Das Studium der Sprachen ist die
Weltgeschichte der Gedanken und Empfindungen
der Menschheit.

Wilhelm von Humboldt

Vorwort

Ein Buch mit Gedichten aus aller Welt zur Eröffnung des Humboldt Forums im wiederaufgebauten Berliner Schloss – das war die Idee des Projektes. Es sind über 100 Seiten voller poetischer Eindrücke zum Standort des Forums, zu seinen Namensgebern, den Brüdern Wilhelm und Alexander von Humboldt, zu den Spuren des Berliner Schlosses in die Vergangenheit, Gegenwart und Zukunft.

Das Humboldt Forum will ein Ort der Erinnerung und der Weltoffenheit sein – beides ist in Berlin sehr gut sichtbar und wird tagtäglich offen, kreativ, kritisch, international und sich der Vergangenheit und der daraus gewachsenen Verantwortung erinnernd gelebt. Das Forum wird nicht nur Sammlungen und Fachbibliotheken beherbergen, sondern ganz konkret eine Verbindung aus Kunst, Kultur und Wissenschaft ermöglichen – ein Dialog der Weltkulturen soll hier stattfinden. Dabei – das zeigen die Gedichte in diesem Band – geht es nicht um Nostalgie, sondern die Ausstellungen und Veranstaltungen sollen das Fließen der Geschichte sichtbar machen. Viele Gedichte nehmen das in den Blick, was als Aufgabe vor uns, dem Publikum, der Leserschaft, den Besuchern, steht:

Wie haben wir miteinander gelebt und wie können wir nun unser Verhältnis zur Welt neu denken, verstehen und leben?

Das Humboldt Forum ist – anders noch als das Berliner Schloss – für alle offen. Jeder Besucher kann sich die Sammlungen im Museum anschauen oder an den vielfältigen Veranstaltungen im Forum teilnehmen. Dieser Ort verkörpert daher, auch wenn Ort und Ansicht des Berliner Schlosses für den Betrachter in die Vergangenheit zeigen mögen, was Geschichte ist und wie sie sichtbar gemacht werden kann. Das Humboldt Forum zeigt unsere Gegenwart und ermöglicht Projektionen in die Zukunft. Wir werden in diesem Forum sehen, wie eng die Kulturen der Welt nicht nur miteinander verbunden, sondern miteinander verwoben sind.

Der APHAIA Verlag nahm den Bau des Humboldt Forums zum Anlass, Dichterinnen und Dichter aus der ganzen Welt dazu einzuladen, über dieses Projekt in der Mitte von Berlin nachzudenken und ihre Gedanken in ein oder zwei Gedichte zu fassen. Erfreulicherweise haben viele diese Einladung angenommen und so lesen wir in diesem Gedichtband Kritisches, Inspirierendes, Positives, Versöhnliches, Visionäres, Überraschendes, und immer lernen wir aus der Perspektive des Anderen, was das Forum für uns alle sein kann. Das Humboldt Forum als Ort der Reflexion und der Offenheit, der Umarmung der Welt – das ist eine Vorstellung, die auch zu seinen Namensgebern Wilhelm und Alexander von Humboldt, führt.

Der eine, Wilhelm, hat als Sprachforscher in der Sprache die Weltseele verortet und die Untrennbarkeit des menschlichen Bewusstseins von der Sprache betont. „Sprache ist der Charakter der Vernunft", und damit ist die Welt, die den Menschen umgibt, immer etwas, das die Sprache und das Denken als Voraussetzung hat. In der Sprache spiegelt sich die Welt des Menschen.

Alexander, der Weltreisende, Forscher, akribische Sammler und nach Perfektion im Versuch Strebende, ist ein Architekt des Vorläufigen, der die Wahrheit immer nur einkreist, sie nie findet, vielleicht, weil das in der Realität gar nicht möglich ist und er das weiß.

Beide Brüder geben der Gegenwart die Möglichkeit, etwas Neues, Besseres entstehen zu lassen.

Wir laden Sie ein, dieses Neue in den Gedichten der Dichterinnen und Dichter aus aller Welt zu entdecken. Begleitet werden die Gedichte von den grafischen Arbeiten der spanischen Künstlerin Sofía de Juan, die uns auch auf eine Reise schickt (aber mit dem Auge), uns in die Lage versetzt, nicht Offensichtliches zu begreifen und uns anregt, visuelles Neuland zu entdecken.

Der APHAIA Verlag

Inhalt

Europa	Luís Quintais	12
	Mário Gomes	13
Portal VII (Europa Gate)	Iain Galbraith	14
	Margitt Lehbert	16
Die Siebziger	Volker Sielaff	19
Erdkugel und Kolibri		20
keynes for beginners	Jorge J. Locane	24
	Mário Gomes	26
Plabras de Amor	Luis García Montero	28
Worte der Liebe	André Bastian	29
Der Omphalos Berlins	Harald Albrecht	30
Der Omphalos Berlins, 2		31
Light	Clea Roberts	34
Licht	Margitt Lehbert	35
36	Jordan Lee Schnee	Taytshverter טײַטשװערטער
38	Arndt Beck	deutungen
in het volkenkundig en natuurhistorisch museum van de wereld	Nachoem Wijnberg	40
Im völkerkundlichen und naturhistorischen Museum der Welt	Andreas Gressmann	41
alphabet. irrtum. methode	Max Czollek	45
sie haben uns ein schloss gebaut	Anna Hetzer	46
Weitere Knopfakte	Tobias Roth	47
Preussischer Weinberg	Klaus Anders	49
Wilhelm / Guglielmo	Nicoletta Grillo	52
	Tobias Roth	54
Les Joies de la crevasse	Jürgen Brôcan	56
tunglspeki	Sjón	58
mondkunde / mondweisheit / mondwissen	Tina Flecken	59

Exercício tectónico sobre a memória do Alexandre e outros círculos Tektonische Übung über Alexanders Ruhm und andere Kreise des historischen Vulkanismus	Denise Pereira Mário Gomes	62 63
Wilhelm von Humboldt Sprachgedicht	Timo Brandt	64 65
67 68	Lina Atfah Osman Yousufi	ألكسندر فون هومبولت يتمشّى في القصيدة Alexander von Humboldt geht im Gedicht spazieren
dein herz, eine handvoll schneefelder, weiß.	Hasune El-Choly	72 73
Jenes Spielreich	Timo Berger	74
Antinous	Steffen Marciniak	76
De ti nada sei Von dir weiß ich nichts	Dídio Pestana Mário Gomes	80 81
Sonetto per Alexander von Humboldt Sonett für Alexander von Humboldt	Maddalena Bergamin Mário Gomes	84 85
Schlösser, die im Monde liegen und erwachen	Daniel Bayerstorfer	86
Buchstabenberge, Satzflüsse	Jochen Thermann	87
Humboldt geht aufs Ganze	Michael Speier	89
videopanorama humboldtiensis	Armin Steigenberger	93
De cómo las galas de ciencias, arte, poesía y Humboldt suspenden algunas trabas de la felicidad social Wie die festliche Zusammenkunft von Wissenschaft, Kunst, Poesie und Humboldt einige Hindernisse der gesellschaftlichen Glückseligkeit aufhebt	Maricela Guerrero Johanna Schwering	96 98
Kurzbiografien		103

Gedichte

Europa

Abraçamos o mundo,
Como Alexander, Wilhelm,
Johann. Sonhamos o Atlas.

Uma mulher lê Goethe
Sentada no átrio da biblioteca.
Goethe é a casa da cultura

E ela *lê Viagem a Itália*
Com denodada atenção.
Traça a perna, da esquerda

Para a direita, da direita para
A esquerda, o rosto tenso,
Sublinhando a concentração.

Na mão assoma nervoso
O lápis, que adiante sublinhará
As proposições que a memória

Enaltece. Os lábios movem-se,
Lábios de criança aprendendo a ler,
Regresso a uma origem

Que se repete a cada leitura,
O que define o clássico.
A escrita é coisa lenta, voraz, física,

Coisa de vísceras e de sentidos
Despertos, geografia do indefinível
Que se define a cada leitura.

Reparo na ausência, no ensimesmado
Restolhar das páginas, no cabelo cinza
Da mulher lendo Goethe, a casa da cultura.

Após a Titanomaquia, o Atlas sonha-nos ainda.

Europa

Wir umarmen die Welt,
wie Alexander, Wilhelm,
Johann. Wir träumen den Atlas.

Eine Frau liest Goethe
im Bibliotheksfoyer sitzend.
Goethe ist das Haus der Kultur

Und sie liest die Italienreise
mit kühner Aufmerksamkeit.
Sie schlägt die Beine übereinander, von links

Nach rechts, von rechts nach
Links, das Gesicht angespannt,
die Konzentration hervorhebend.

In der Hand schaut nervös
Der Stift hervor, der später die Sätze
Unterstreichen wird, die die Erinnerung

Preist. Die Lippen bewegen sich,
Lippen eines Kindes beim Lesenlernen,
Rückkehr zu einem Ursprung

Der sich mit jeder Lektüre wiederholt,
Was den Klassiker definiert.
Das Schreiben ist etwas Langsames, Gefräßiges, Physisches,

Eine Sache von Eingeweiden und aufgeweckten
Sinnen, Geographie des Undefinierbaren,
Das sich mit jeder Lektüre definiert.

Ich nehme die Abwesenheit wahr, das in Gedanken versunkene
Rascheln der Seiten, das graue Haar
Der Frau, die Goethe liest, das Haus der Kultur.

Nach der Titanomachie träumt der Atlas uns noch immer.

Portal VII (Europa Gate)

But darkness was here yesterday.
Joseph Conrad

O Balconia ancestral land
why would I shun your stony embrace?
For is not terra cognita weirder more beguiling than all? Twice

have I left you twice returned: once for a jaunt
to that Dow-Madison campus where billy-wielding police
bludgeoned a protest. Once for a spin to Anatolia's eastern end.

But home is a castle fit for a kaiser and so this poem:
my *Kosmos* and wonky conscience. What I see is unknown
and therefore familiar (when you're a stranger). Let us go then

change this *Gestalt* from within albeit outwardly thus the same
and fill a parody with cultures cities with transparent
works justice and fairness for all. Whatever. And see me

unwilling confidant who only yesterday en passant
to post you this encountered a *gentilhomme* on a balcony
looking down: navy suit and Sciences Po Paris

maréchal of trade plenty of *action française* here: *je suis*
partout his gesty message seemed to proclaim. And it's true:
you see him here you see him there in London Rabat and Berlin

Iain Galbraith

ergo resolved to join him *inside* that global bar and do
some *handfest* business: slashed-price fleet of diesels driven
over someone's child's dead body. Ah, but let it trickle down. I did

(Exhibit) put in a bid for the outgoing gendarmerie
you marked on the map with a few ripe gendarmes thrown in
for that price, eh? Discreet however through an agent I hired

for the early work. Cells and intel intact. Double
their pensions if the goons stay under our wing. We're wired.
We'll need hands-on. Imagine the fiasco if you will

civil unrest and no commanding tweet. Bof. A load of rot.
#TeamFortress #TeamCherryPickingHaHaHa #TeamHaircut
#TeamAssetStripping #TeamThisIsTheEndBlahBlah. It's not.

Portal VII (Europa Gate)

Doch gestern war die Dunkelheit hier.
Joseph Conrad

O Balkonien Land der Ahnen
warum sollt ich deine steinerne Umarmung meiden?
Ist Terra cognita nicht bizarrer betörender als alles andre? Zweimal

ging ich fort, zweimal zu dir zurück: einmal ein Ausflug
zu diesem Dow-Madison-Campus wo schlagstock-schwingende Polizei
den Protest niederschlug. Einmal eine Spritztour zum östlichen Ende Anatoliens.

Doch mein Heim ist eine eines Kaisers würdige Burg also dies Gedicht:
mein *Kosmos* und schiefes Gewissen. Was ich sehe ist unbekannt
und daher vertraut (wenn man ein Fremder ist). Dann lass uns gehen

diese *Gestalt* von innen zu ändern wenn auch von außen also gleichartig
und eine Parodie mit Kulturstädten zu füllen mit transparenten
Werken Recht und Gerechtigkeit für alle. Wie auch immer. Und sieh mich

unwilligen Vertrauten der erst gestern en passant um Ihnen
dies zu senden einem *Gentilhomme* auf einem Balkon beggegnete
der hinabblickte: marineblauer Anzug und Sciences Po Paris

maréchal des Handels viel *action française* hier: *je suis
partout* schien seine gestige Botschaft zu verkünden. Und es ist wahr:
Du siehst ihn hier du siehst ihn dort in London Rabat und Berlin.

ergo entschlossen mich ihm *in* dieser globalen Bar anzuschließen und mal ein
handfestes Geschäft zu machen: eine Flotte Diesel zu Kampfpreisen gefahren
über die Leiche eines fremden Kindes. Ach, lass es einfach durchsickern. Habe

(Exponat) ein Angebot für die scheidende Gendarmerie abgegeben
die du auf der Karte markiert hattest dazu ein paar reife Gendarmen gratis
für diesen Preis, was? Doch diskret über einen Sanierer den ich fürs

Grobe angeheuert hatte. Zellen und Geheimdienstinfos intakt. Verdoppel
ihre Renten wenn die Trottel unter unsren Fittichen bleiben. Sie sind verwanzt.
Wir brauchen Zupackende. Stell dir doch bitte mal das Fiasko vor

Bürgerunruhen und kein befehlshabender Tweet. Bah. Mumpitz.
#TeamFestung #TeamCherryPickingHaHaHa #TeamHaarschnitt
#TeamAssetStripping #TeamDasIstDasEndeBlahBlah. Ist es nicht.

Die Siebziger

waren Orange, waren Milchbar und mondänes
Espresso-Cafe, waren Plastik, Plunder und Jeans mit Schlag,
waren Trompetenärmel, neue Ostpolitik und „Rock für den Frieden",
im Palast der Republik fanden sie statt im Glanz einer gläsernen Blume,
im Leuchten des importierten
weißen Marmors, ich sah eine Ostfrau gedankenverloren
vor ihrem Mokka-Sahne-Shake hocken, ich war
zu jung für sie. Ich sah
eine Ameise über eines der Monumentalbilder der Siebziger
laufen, Willi Sitte. Seine Körper, anatomisch perfekt, stießen mich ab.
Nachts gehe ich durch den Palast, es ist egal, ob er noch steht.
Ich gehe durch das Berliner Stadtschloss, es ist egal,
ob es schon abgerissen wurde.
Die Siebziger, das waren
gemusterte Teppiche, Pluderhosen und Günther Guillaume,
Rudolf Bahro, Boney M. und Rote-Armee-Fraktion.
Ich stehe allein auf einem Aufmarschplatz, die Chöre
sind müde geworden. Keine Fahnen mehr, nirgends. Nie
bin ich in der Foyerbar gewesen, nie in der Weinstube, nie
im Theater im Palast, wo Schall und Minetti spielten.

Wem gehören die Dinge, die erinnerten und die vergessenen?
Wird es einen Delphin geben im Humboldtforum?
Eine Agora? Und freien Eintritt
für die Besitzlosen?

Erdkugel und Kolibri
(Alexander von Humboldt: 1769 — 1859)

Sechs Jahre unterwegs. Mit der „Pizzaro"
von La Coruña über den Atlantik; verbrieft
das Datum seiner Abreise: der 5. Juni 1799.

An Bord das Modernste an Instrumenten,
darunter ein Cyanometer, ein seltsames Ding
zur Messung der Intensität der Himmelsfarbe.

Ihr Warmlaufen auf Teneriffa. Der ordnende,
vielseitig brodelnde Geist, hier übt er sich:
in Pflanzengeographie, der Periodik

der Himmelskörper. Folgt die Überfahrt, der
neue Kontinent: „Wie die Narren laufen wir
bis jetzt umher", notiert Alexander kokett.

Und Bonplant, der Botaniker: „Ich komme
von Sinnen, wenn die Wunder nicht bald
aufhören." Nahrung zweimal am Tag:

Ameisen und Reis, dazu Orinocowasser.
Die Wunder hören auf. Schreiben geht
nur nachts. Schwärme von Moskitos

verfinstern ihnen den Tag, und ihre Hände
schmerzen von Stichen. Bonplant fiebert
zudem – es ist die Malaria. Ihre Piroge

gleitet still den Fluss hinab, vier Indios
rudern behende. Eine Kirche, die nur
vom Öl der Schildkröteneier leuchtet. Licht

Gottes, nur keine Schildkröten mehr.
Seine Hand zittert. Was will der Vizekönig?
Wissen, wo es liegt: das Silber, das Gold.

Auf Kuba die königlichen Archive, die
Zuckerrohrplantagen. Sklaverei und Verluste:
Die Insekten fressen seine Pflanzensammlung.

Bilder zeigen ihn: am Cimborazo, im
Urwald mit Äffchen oder stolz posierend
mit Erdkugel und Kolibri.

keynes for beginners

el pleno empleo no suponía
planteos. era el supuesto, el axioma.
lo era hasta que en el 29
una crisis de sobreproducción descatalogó
el imaginario, y decidido a barrer con los clásicos
dijo keynes lo que dijo.

ante la debacle, y en contra de la doctrina,
proscribió el ahorro
        la austeridad
           el achique
y recomendó el gasto público
        el derroche
           a lo **grande**

revisó la ley de say
(aquella que sostenía que los productos por otros
productos se intercambian
vale decir
que el dinero líquido
    un momento de incertidumbre, suspenso o
    letargo
    entre una mercancía
    y otra es)

el ingreso de a al ser gastado se convierte
en el ingreso de b. así es el ciclo, constató,
infinito. de ahí a
cavar pozos y taparlos
o, lo que es lo mismo,
porque al fin no importa qué se hace exacta
mente, sino que el capital genere empleo
      para que genere consumo
      para que genere mercancías
      para que generen capital
        y así al infinito,
construir palacios para volverlos a destruir
hay un único y obligado paso.

al igual que ulbricht y boddien
la guerra es keynesiana.
quinientos años había llevado
construir el berliner schloss.
la guerra lo dejó tambaleando,
y ayudado por cuadrillas
de operarios laboriosos
y dinamita entusiasta producida
por algún sector de la industria química,
ulbricht le propinó el gancho
que fue letal KO.

la industria automotriz proveyó
vehículos para transportar los restos
(la amazonia el caucho para sus ruedas)
y a la de la construcción se le encomendó
construir el efímero y propiamente

volátil palast der republik.
como ahora no hubo guerra alguna
oportuna, extinguido el país experimento,
se convocó a la industria de la destrucción
y poco después nuevamente a la de
la construcción,

ahora para levantar un nuevo
           berliner schloss
lo que entre otras cosas iría a requerir
la reactivación de la industria del
diseño y ornamentación de
fachadas barrocas. y, finalmente,
también la de la industria
editorial que hace posible
la publicación de este poema.

dado que la premisa del pleno empleo quedó obsoleta
¿de qué van a trabajar los pacientes artistas
barrocos después del 2019
cuando esté erguido el nuevo
viejo schloss? ¿ya habrán hecho
la formación en restauración de austeras,
regulares, siempre rectilíneas fachadas
           comunistas?

keynes for beginners

die vollbeschäftigung rechnete nicht mit
widerständen. es war die annahme, das axiom.
so war es ehe im jahr 29
eine überproduktionskrise das imaginäre
aussortierte, und keynes, im festen entschluss, die klassiker davonzufegen
das sagte, was er sagte.

angesichts des debakels und entgegen der doktrin
verbot er das spargebot
      die austeritätspolitik
      das schrumpfen
und empfahl öffentliche ausgaben
      verschwendung
        in **großem** Stil

er revidierte das saysche gesetz
(das besagte, dass produkte gegen andere
produkte getauscht werden
will heißen
dass das flüssige geld
    nichts ist als ein moment der ungewissheit, spannung oder
    lethargie
    zwischen einer ware
    und einer anderen)

werden die einnahmen von a ausgegeben
werden sie zu den einnahmen von b. so ist der zyklus, konstatierte er,
unendlich. von dorthin
zum grubenausheben
oder, was das gleiche ist,
denn schlussendlich ist es weniger wichtig, was man genau
macht, als dass das kapital arbeitsplätze schafft
      um verbrauch zu erzeugen
      um waren zu erzeugen
      um kapital zu erzeugen
      und so fort bis ins unendliche,
zum palästebauen, um sie wieder zu zerstören,
ist es nur ein einziger und zwingender schritt.

so wie bei ulbricht und boddien
ist der krieg keynesianisch
fünfhundert jahre hatte es gedauert
das berliner schloss zu bauen
der krieg ließ ihn taumelnd zurück
und unterstützt von trupps
fleißiger arbeiter
und enthusiastischem dynamit, hergestellt von
irgendeinem sektor der chemischen industrie
verpasste ulbricht ihm den haken
der das tödliche KO besiegelte.

die kraftfahrzeugindustrie stellte zur verfügung
fahrzeuge zur beförderung der trümmer
(amazonien den gummi für deren bereifung)
und die bauindustrie wurde beauftragt
den ephemeren und strengermaßen

flüchtigen palast der republik zu errichten.
da es jetzt keinen krieg gab,
keinen günstigen, wurde nach untergang des experimentierlandes
die zerstörungsindustrie einberufen
und kurz darauf wieder die des
baus,

diesmal um zu errichten ein neues
        berliner schloss
was unter anderem erfordert
die wiederaktivierung der industrie
des designs und der verzierung
barocker fassaden. und schließlich
auch der verlagsindustrie
die die veröffentlichung dieses gedichts
möglich macht.

da die prämisse der vollbeschäftigung hinfällig wurde.
woran werden die geduldigen barocken
handwerker nach 2019 arbeiten
sobald das neue alte schloss
errichtet sein wird? werden sie zu dem zeitpunkt schon
weitergebildet sein zur restaurierung schmuckloser,
mittelmäßiger, immer geradliniger fassaden
        des **kommunismus?**

Palabras de Amor

Año 1945 entonces.
Por el Castillo de Hohenzollern,
el joven estudiante paseaba
con un libro de Kant en la chaqueta.
Moral, razón, juicio,
Berlín, imperativo categórico,
son palabras que escuchan escondidas
el caer de las bombas,
palabras murmuradas en Europa
igual que una ruina,
igual que la epidemia de los números
mientras la bomba cae
con la relojería destructiva
de un mundo hecho de barro.

                    ¿Quiénes somos?
En los bolsillos caben las palabras,
en la vasija triste de un poema
caben todas las rutas de Alexander von Humboldt,
los estudios de Wilhelm,
siglos con sus idiomas y sus vidas,
el hacer de unos dedos
que recogen la historia fragmentada
y trabajan el barro,
la vasija y el verso en donde cabe el mundo.

Pasea el estudiante
por el Castillo de Hohenzollern
con manos que modelan deseos escondidos:
libertad, igualdad, fraternidad,
viejas amigas viejas que se llaman
para viajar como turistas
por la modernidad del año 2020.
Todavía en sus ojos cabe el mundo,
y el estudiante lleva
un secreto de amor en el bolsillo.
Escribe Margarita, Laura, Beatriz, Elisa,
por no cambiar de asunto.

Worte der Liebe

Das Jahr 1945 also.
Der junge Student flanierte
um das Schloss der Hohenzollern,
mit einem Buch von Kant in seiner Jacke.
Moral, Vernunft, Urteilskraft,
Berlin, kategorischer Imperativ;
alles Worte, die aus dem Versteck heraus
die Bomben fallen hören,
Worte, die man in Europa flüstert,
ebenso wie Trümmer,
ebenso wie die Epidemie der Zahlen;
inzwischen fällt die Bombe
mit der zerstörerischen Präzision
einer Welt gemacht aus Lehm.

      Wer sind wir?
Worte finden Platz in Hosentaschen,
im Tontopf eines traurigen Gedichts
finden alle Reisen Alexander von Humboldts Platz,
die Studien von Wilhelm,
Jahrhunderte mit ihren Sprachen und mit ihren Lebensläufen,
das Tun von Fingern
beim Auflesen von Splittern der Geschichte,
dem Bearbeiten von Lehm,
vom Tontopf und vom Vers, wo die ganze Welt Platz findet.

Der Student flaniert
um das Schloss der Hohenzollern,
mit seinen Händen gestaltet er verborgene Wünsche:
Freiheit, Gleichheit, Brüderlichkeit,
altgewordene alte Freunde, die man ruft,
auf dass sie wie Touristen
durch die Moderne des Jahres 2020 reisen.
In seinen Augen findet immer noch die Welt Platz,
und in der Hosentasche trägt
der Student eine geheime Liebe.
Margarita, Laura, Beatriz, Elisa schreibt er,
nur um das Thema nicht zu wechseln.

Luis García Montero | Übertragung — André Bastian

Der Omphalos Berlins

Zweispringerspiel im Nachzug heißt
Augen auf APunkt DPunkt zweinullnullsechs.
Wir sehen: eine Raumzeitpartie mit preußischer Eröfnung.

Der König steht in einer Kammer,
dann saß das Volk in seiner,
und dann Asbest in aller Ohren,

die feuerfeste Faserei des
Herrn der Wanzen. - Nun
kann der Herr der Fliegen

mit dem der Wanzen tanzen wie der
über den Herrn der Flieger siegen
und also endet die Partie

Remis: das Brett wird zugeklappt, filzgrün
leuchtet das Gras, auf dem die Kinder spielen,
ihr Dreh-und Angelspiel

auf einer Nabelwiese,
mit einem Anpfiff
als Eröffnung.

Der Omphalos Berlins, 2

Kains Mal ist Wiederkehr in allem Anfang.
Es ist die Narbennabe die's
in sich hat und

um sich herum,
damit das Weiter
ein Wieder ist

und alles Wieder eine gute Strecke voran.
Seltsame Grätsche der Dauer ins Vergängliche! Berlin
ist wieder sein Schloss, das etwas Anderes geworden ist

brüderliches Innen in
alter Haut ist Heilung
des Unheilbaren und

ist Kains Mal,
das Anfang ist
trotz allen Widers.

Light

"There is no past we can bring back by longing for it.
There is only an eternal now that builds and creates
out of the past something new and better."
— Johann Wolfgang von Goethe

And light! There is light
in all its permutations — a soft light
to bathe in sorrows and beauty and connection,
a hard light to examine our faults, our desires—
a calm, even light,
in which to walk forward.

Light! Enough by which to finally
see our world,
how we have lived in it,
how we want
to live in it.

And light! The dazzling light
of the whole world
opening inside us.

Licht

„Es gibt kein Vergangenes, es gibt nur ein ewig Neues, das sich
aus den erweiterten Elementen der Vergangenheit gestaltet,
und die echte Sehnsucht muß stets produktiv sein, ein Neues,
Besseres zu schaffen."
— Johann Wolfgang von Goethe

Und Licht! Es gibt Licht
in all seinen Facetten — ein weiches Licht
um in Schmerzen und Schönheit und Beziehung zu baden
ein hartes Licht, unsere Fehler, unsere Sehnsüchte zu ergründen –
ein ruhiges, gleichmäßiges Licht,
in dem man vorwärts gehen kann.

Licht! Genug, um endlich
unsere Welt zu sehen,
wie wir darin gelebt haben,
wie wir darin
leben möchten.

Und Licht! Das funkelnde Licht
der ganzen Welt
die sich in uns öffnet.

טײַטשווערטער

אַמאָל שוין ציבעלעס מיט ברויט
זענען געווען גענוג!
דאָ מיטנדיק בערלין־מיטע
האָבן די ייִדן געגעסן
ציבעלעס מיט קימלברויט
אין ערגעץ אַ הויף
אויף די טרעפּ
צווישן די עטאַזשן.
דאָס איז געווען גענוג
מען איז שוין געווען זאַט
מיט אַ ביסל זאַלץ...

דאָ שמעקט עס מיט ציגלן און קאַנאַל־וואַסער
דאָ אין בערלין
די עלטער־באָבע מײַנע האָט דאָ פֿאַרלוירן
איר טעדיבער אים זאָגאַרטן.
אָודאַי, אָודאַי אַ סימן
אָבער פֿון וואָס?
ווער קען אים נאָך לייענען?
"נעבישע בובי
צי ביסטו געווען בײַ די בערן?"
"אייניקל מײַנס, איך פֿאַרשטײַ זיך נישט מער קיין ייִדיש
רעד נישט צו מיר אָט דעם פֿרעמדן טײַטש!
נו, וואָס לאָכסטו?"

סע'שמעקט מיט סמאָלע און געהאַקטע קאָקאָסניס
ווײַט, ווײַט אַוועק
אין אַן עפּישן טראָפּישן אַרץ
ס׳קען אויך זײַן ארץ־ישראל.
אַ חבֿר נעמט אַרויס די ,,קאַדאַראָווסקי קלאַסיק טאַראָט"
די לעצטע מאָדע.
ער וואַרפֿט מיר די קאָרטן
און הייבט אָן צו דערציילן:
"איינס און צוויי ביסטו קיינמאָל ניט פֿרײַ."
די פֿינגער זײַנע זײַנען גרין, באַמאָכט.
די נאַכט זיצט אויף די קאָרטעטשקעס און פּולסירט.
דער חבֿר וויַיזט זײַנע שלמותדיקע אַמעריקאַנישע ציין:
"אַ מלך הענגט אַרויס פֿון זײַן פּאַלאַץ."
באָבקעס, קוואַטש

taytshverter

Jordan Lee Schnee

amol shoyn tsibeles mit broyt
zenen geven genug!
do mitndik berlin-mitte
hobn di yidn gegesn
tsibeles mit kimlbroyt
in ergets a hoyf
oyf di trep
tsvishn di etazhn.
dos iz geven genug
men iz shoyn geven zat
mit a bisl zalts …

do shmekt es mit tsigln un kanal-vaser
do in berlin
di elter-bobe meyne hot do farloyrn
ir teddyber im zoogortn.
avade, avade a simen
ober fun vos?
ver ken im nokh leyenen?
„nebishe bubi
tsi bistu geven bay di bern?"
„eynikl meyns, ikh farshtey nisht mer keyn yidish
red nisht tsu mir ot dem fremdn taytsh!
nu, vos lokhstu?"

se'shmekt mit smole un gehakte kokosnis
vayt, vayt avek
in an epishn tropishn erets
s'ken oykh zayn erets-yisroel.
a khaver nemt aroys di „jodorowsky classic tarot"
di letste mode.
er varft mir di kortn
un heybt on tsu dertseyln:
„eyns un tsvey bistu keynmol nit frey."
di finger zayne zenen grin, bamokht.
di nakht zitst oyf di kortetshkes un pulsirt.
der khaver vayzt zayne shleymesdike amerikanishe tseyn:
„a meylekh hengt aroys fun zeyn palats."
bobkes, kvatsh

נו, צי דאַרף מען אַ ,,גרויסן מענטש"
אַ הומבאָלדט?
צי זענען די שיפֿערס אַרויסצוליִענען פֿון די טראָטואַרן?
דאָך ניט! זיי לאָקערן
אין די שפּאַלטן פֿונעם לשון
אָן פֿאַרלעשן!
הינקעדיק
אָבער חי
אין אַ קול
אין אַ קעלער
ערגעץ

deutungen

    brot mit zwiebeln
    reichte damals aus!
    mitten in berlin-mitte
    aßen die juden
    kümmelbrot mit zwiebeln
    in irgendwelchen höfen
    auf den treppen
    zwischen den stockwerken.
    das reichte und war gut.
    satt machte schon
    ein wenig salz ...

    geruch nach ziegeln und kanalwasser
    in berlin
    meine ur-oma hat im berliner zoo
    ihren teddybären verloren.
    selbstverständlich ein zeichen, natürlich
    aber wofür?
    wer kann es noch deuten?
    „omi omi,
    du warst also bei den bären?"
    „mein enkel, ich verstehe jiddisch nicht mehr —
    hör auf in fremdem sinn mit mir zu reden!
    nu, was lachst du?"

nu, tsi darf men a „groysn mentsh"
a humboldt?
tsi zenen di shifers aroystsuleyenen fun di trotuarn?
dokh nit! zey lokern
in di shpaltn funem loshn
on farleshn!
hinkedik
ober khay
in a kol
in a keler
ergets

es riecht nach gehackten kokosnüssen und teer
fern, sehr fern
in irgendeinem epischen, tropischen land
vielleicht israel
zieht ein freund das „jodorowsky classic tarot" hervor
der letzte schrei.
er legt mir die karten
und erzählt:
„eins und zwei bist du niemals frei."
grün sind seine finger, moosbedeckt.
die nacht sitzt in der hocke und pulsiert.
der freund zeigt seine yankee-zähne, makellos
„ein könig hängt aus seinem schloss."
gerede, humbug, quatsch.

also, braucht man einen „ehrenmann"
braucht man einen humboldt?
lassen sich die gehwege denn dechiffrieren?
eher nicht! die chiffren lauern
in den spalten der sprache
ohne zu verlöschen!
hinkend —
aber heil
in einer stimme
in einer gruft
irgendwo.

in het volkenkundig en natuurhistorisch museum van de wereld

In het volkenkundig en natuurhistorisch museum van de wereld
gaat elke zaal elke dag als een deel van de wereld door de geschiedenis,
en wanneer het museum vroeg in de ochtend opengaat
wordt tentoongesteld het oudste volk dat daar was
en elk volgend uur een ander, later, en die van de laatste honderden jaren
na sluitingstijd voor van wie er niet veel meer zijn bezoekers,
zoals de omgekeerde van een sprookjesprinses
na sluitingstijd in een warenhuis winkelt
waar de lichten nog aan zijn. In elke zaal twee of drie van het museum
(tussen de planten en bomen die directeuren van het museum
van hun reizen naar dat deel van de wereld teruggebracht hebben)
die de bezoekers aanspreken met een paar woorden
van de taal die ze daar in dat uur spraken (als iemand nog kan raden
hoe die uitgesproken moeten worden). Vroeger waren de mannen en vrouwen
die de hele dag in een zaal stonden (of op de vloer zaten,
soms zelfs een paar minuten dansten) ook uit dat deel van de wereld,
maar dat kunnen de bezoekers niet meer goed verdragen,
ook niet die later in de avond of in de nacht komen,
wanneer in de zalen de talen gesproken worden die ook buiten op straat
gesproken worden. De eerste directeur van het museum
had een tuin laten aanleggen waarin hij de planten en bomen
had laten neerzetten die hij van zijn reizen mee teruggebracht had
en de dieren losliet. Gevraagd waarom hij museumdirecteur geworden was
zei hij dat het de enige baan was die nog vrij was
voor iemand zoals hij, behalve onderdirecteur van de rijksdienst voor standbeelden
of onderdirecteur van alle tuinen die groot genoeg zijn
om park gemaakt te worden, waarin zo weinig mogelijk natuur is,
behalve als het bijna niet meer is dan een teken
van wat anderen van plan waren, verwacht hadden, bang voor waren,
zelfs gehoopt hadden dat ze het konden kiezen,
en dat hij er de onderdirecteur van zou zijn, niet de directeur, maakt weinig verschil
voor een zoals hij - wat hij zegt blijft altijd een fragment
dat hij niet los kan zien van wat eromheen is, behalve waar het afgebroken is,
zoals een standbeeld zonder handen.

Im völkerkundlichen und naturhistorischen Museum der Welt

Im völkerkundlichen und naturhistorischen Museum der Welt
geht jeder Saal jeden Tag als ein Teil der Welt durch die Geschichte,
und wenn das Museum früh am Morgen öffnet
wird ausgestellt das älteste Volk das sich dort befand
und in jeder folgenden Stunde ein anderes, später, und die der letzten hundert Jahre
nach Schließung für von denen es nicht mehr viele gibt Besucher,
so wie das Gegenteil einer Märchenprinzessin
nach Schließung in einem Warenhaus einkauft
in dem die Lichter noch brennen. In jedem Saal zwei oder drei vom Museum
(zwischen den Pflanzen und Bäumen die Direktoren des Museums
von ihren Reisen in jenen Teil der Welt mitgebracht haben)
die die Besucher ansprechen mit ein paar Wörtern
aus der Sprache die sie dort in jener Stunde sprachen (wenn jemand noch erraten kann
wie diese ausgesprochen werden müssen). Früher waren die Männer und Frauen
die den ganzen Tag in einem Saal standen (oder auf dem Boden saßen,
mitunter sogar ein paar Minuten tanzten) auch aus jenem Teil der Welt,
doch das können die Besucher nicht mehr so richtig ertragen,
auch nicht die später am Abend oder in der Nacht kommen,
wenn in den Sälen die Sprachen gesprochen werden die auch draußen auf der Straße
gesprochen werden. Der erste Direktor des Museums
ließ einen Garten anlegen in dem er die Pflanzen und Bäume
setzen ließ die er von seinen Reisen mitgebracht hatte
und die Tiere freiließ. Gefragt warum er Museumsdirektor geworden sei
sagte er es sei die einzige Stelle die noch frei gewesen sei
für jemanden wie ihn, außer stellvertretender Direktor des Bundesamts für Statuen
oder stellvertretender Direktor aller Gärten die groß genug sind
um zu einem Park gemacht zu werden, in dem es so wenig wie möglich Natur gibt,
außer wenn es kaum mehr als ein Zeichen dessen ist
was andere beabsichtigt hatten, erwartet hatten, befürchtet hatten,
sogar gehofft hatten sie könnten es wählen,
und dass er dort der stellvertretende Direktor sein würde,
nicht der Direktor, macht kaum einen Unterschied
für jemanden wie ihn – was er sagt bleibt immer ein Fragment
das er nicht losgelöst von seiner Umgebung sehen kann, außer wo es abgebrochen ist,
so wie eine Statue ohne Hände.

Nachoem Wijnberg | Übertragung — Andreas Gressmann

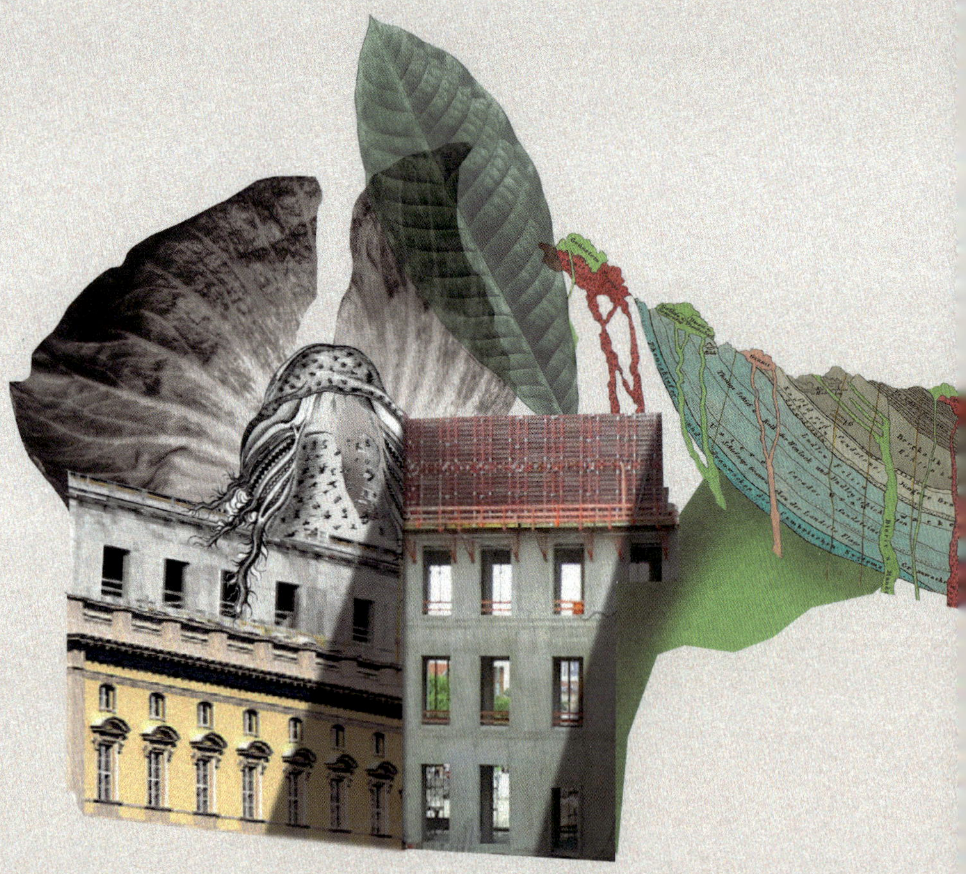

Orenoco
Maypure
Apure
Guaviare
Ata
bapo
Cassi-
quiare
Rio Negro
Amazone

alphabet. irrtum. methode

die spree als stroboskop, als fassade des palasts der republik, tier
mit spiegelschuppen, die immer das zurückwerfen, was wir nicht
voneinander wissen

die rekonstruktion der alleebebauung als verlängerter verlust,
versuch, zeit hinter den augen einzuschließen wie bernstein

drucker für fototapete die betonmischer, in jodbecken getauchte
zeichnungen, über die einer mit gestrecktem zeigefinger fährt

oder was kinder der brüder unter knallgelben helmen eben
erinnerung nennen, hirnklamme plastikfassade, trommelnder
niederschlag

während großonkels welt bereisen, entdeckte gebiete entdecken,
diebesgut zusammenraffen wie ostern im schloss txl

an der auffahrt die kieselsteine als geschredderten akten, die im
kegel der flutscheinwerfer wieder zusammengefügt werden

das begehren nach preußen ohne kanonen ist wie heimat ohne
angst: eine selbsttäuschung wie tetris, fügt sich zusammen,
nur um hektisch blinkend zu verschwinden

Anna Hetzer

sie haben uns ein schloss gebaut

ein gerippe aus beton wird hochgezogen. die pfeiler
waren vielleicht mal eine mauer. vielleicht
ein parkhaus auf geöffneten kellern. künstlich
wie reste von lustschlössern auf einer insel

restauriert als ruine wären die sonnenbalkone
ausblickspunkt übers zerschossene stadtbild
unverstellte fratze auf viel geknipsten schnappschüssen
zuckerwatte in den zähnen

zwei bärtige freunde können nicht wegsehen
warten an der ecke zwischen schloss und riesen-
rad auf zeiten des zweifels. solange sind die pfeiler
eine kulisse mit geliftetem gesicht

Weitere Knopfakte

In einem Blick: dort hinten ein
Stück altes Portal, umzingelt von Moderne, die es hält,
hier vorne die Kopie, die die Umkehrung
nur spielen kann. Stücke, die die Verdauung
nicht überstehen. Vom Lustgarten aus.

Achse der Herrschaften blanker Perückenwechsel.
Erstbesiedelung, heißt es, um 1170,
da werden in Bologna seit 100 Jahren Vorlesungen gehalten,
Süden, dem heute diktiert wird aus den Treibhäusern.
Anciennität? Der Aufsatz kommt zurück, Themaverfehlung.

Forum um Forum, wer befragt die Namensgeber?
Das Forum Romanum entstand, als man
die Cloaca Maxima überbaute.

Geschlagene Völker wandern in den Bauschmuck.
Irgendwer muss es verputzen, die klaffenden Risse.
Saurer Regen über Städten aus Gipskarton.

Als hätten sie vergessen, die Turmknöpfe zu knacken.

Preussischer Weinberg

Friedrich II. Hohenzollern auf der Fahrt zum Berliner Schloss
im Gespräch mit dem abwesenden Voltaire

„Ich will, bevor ich sterbe (...) Schwetzingen wieder sehen,
dieser Gedanke beherrscht meine ganze Seele."
Voltaire, 1778

Der Wein – nicht weit her damit.
Eine Marotte der Drang, ein Idyll
zu schaffen so nahe bei Berlin.

Mein Befinden? Reden wir nicht davon.
Man hat Ideale, verbringt seine Zeit im Feld,
redet mit der Pritsche und muss am Ende
zugeben, dass Machiavelli recht hat.

Schwetzingen? Na ja. Aber, teurer Freund,
wo ist der Ort, an dem wir vor das Haus
treten ins funkelnde Licht, unbehelligt
von Schranzen und dem Gewürm der Städte?

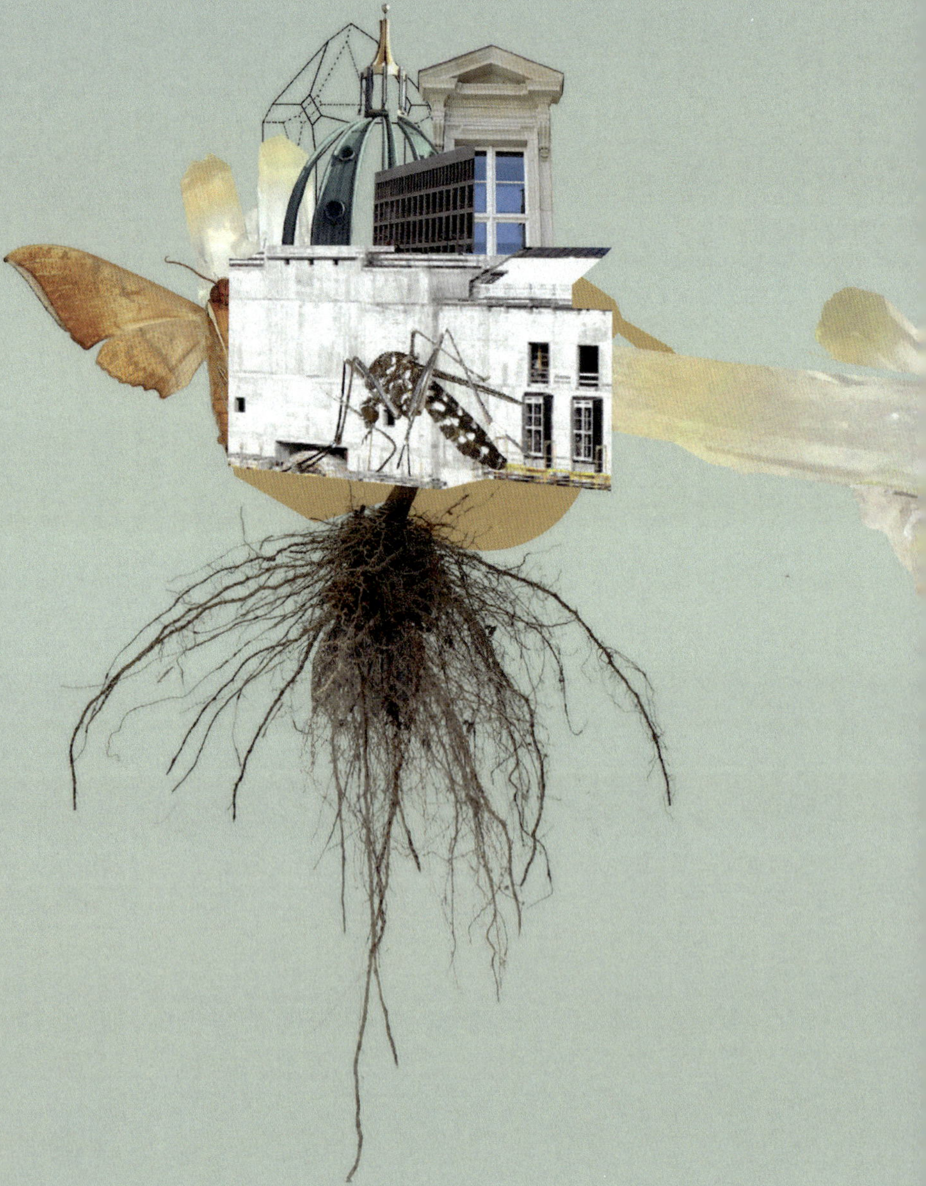

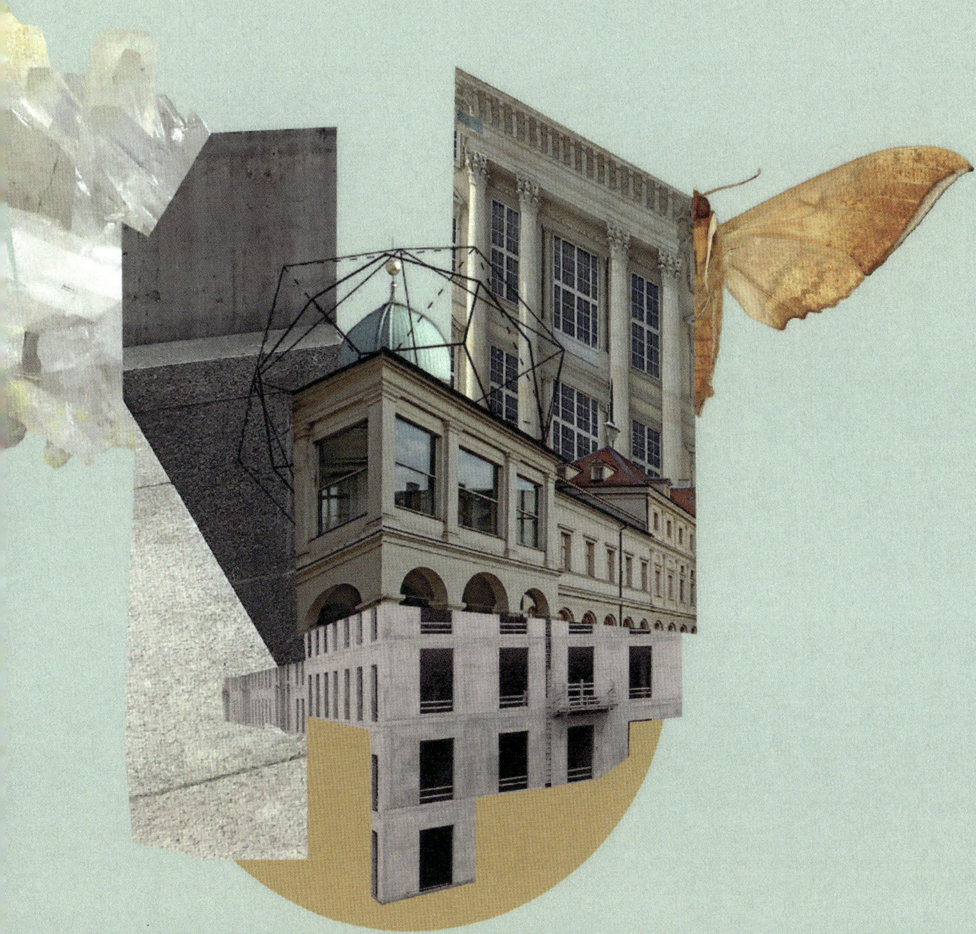

Wilhelm / Guglielmo

> Egli vive con gli oggetti percepiti esclusivamente nel modo in cui
> glieli porge la lingua.
> *Wilhelm von Humboldt, La diversità delle lingue*

La ragione è ben sveglia e parla:
dice cose fatte per la mano (nel palmo
la forma calda delle parole
scava un nido). Pane, Brot, Leib; Leib che è corpo
corpo anima del mondo, lievito che annusi in cucina,
latte tiepido, condensa sul vetro, farina –

Accanto al camino le serve dispiegano il mondo
le osservi come se la loro chiarezza
giacesse intessuta nel fondo stesso dell'essere
quando alzi la testa dai libri e guardi
il loro mondo accanto al tuo e tutti i mondi a venire
(lontani i scintillanti oceani
che tuo fratello attraversa per dar ordine alle specie,
mentre tu zitto i nomi li sussurri senza voce,
inesaurito rosario,
ogni cosa presa nell'infinito atto del dire,
il dire prima del mondo
il dire che fa mondo il mondo).

Tutto parla anche quando tace, Guglielmo,
l'odore di sudore delle lenzuola,
la notte di letame e di grano
e sotto altre lune altri odori e altre notti; Wilhelm,
all'inizio sempre era il verbo,
il segno che dà forma
la voce che chiama, il pianto
che insegna il bisogno
il riso che spiana una strada;

E ogni Dio diverso
per l'essere che lo dice;
diversa la casa, l'albero, la strada

la tavola su cui si pone il pane;
diversa la donna per l'uomo
e l'uomo per la donna;
ma tutto insieme si accorda
se la ragione non dorme, e sogna;
la ragione che per te parla, canta
e plasma mondi.

Ma Wilhelm, hai mai pensato
come il tuo nome risuona diverso
in ogni lingua, sospetto; o
hai mai amato qualcuno
in una lingua straniera,
ti ha pronunciato qualcuno con un brivido Guillaume,
o Guglielmo,
sfiorandoti la fronte e la paura
si è svegliata e ha vibrato sotto il tocco
sconosciuto, piccolo pesce inutile
preso nella rete;

O davvero speravi con un salto
di passare da un mondo alll'altro
da una lingua all'altra, fuori dal cerchio,
da Wilhelm a Guglielmo, da Guglielmo a Guillaume,
la ragione ben sveglia, ridente, a sorvolare
panorami di lingue
boschi pieni di uccelli, insetti dalle ali dure
rumori trasparenti;

Guglielmo, Wilhelm, l'ottimismo della ragione
quando si addormenta
sotto l'ala nera del sonno; e le parole
come legni spezzati. Ti sei voltato un attimo, guarda:
dov'è la la parola tessuto, la parola calda
la parola tiepida
come forma di pane, il Leib
unico corpo per ogni uomo sulla terra:
il mare che muore all'orecchio
la parola di carne
la lingua che unisce
la lingua perduta.

Wilhelm / Guglielmo

Der Mensch lebt mit den Gegenständen ausschließlich so,
wie die Sprache sie ihm zuführt.
Wilhelm von Humboldt, Über die Verschiedenheit des menschlichen Sprachbaues

Die Vernunft ist wach und spricht:
sagt Sachen für die Hände (in der Handfläche
macht die warme Form der
W o r t e
i   h   r
Nest). Brot, pane, corpo; corpo bedeutet Leib,
Leib Weltseele, Hefe ein Duft in der Küche,
lauwarme Milch, beschlagenes Glas, Mehl –

Neben dem Herdfeuer entfalten Mägde die Welt,
du beobachtest sie, als wäre ihre Klarheit
verwoben mit dem Grund des Seins selbst,
wenn du den Blick aus Büchern hebst und schaust,
ihre Welt neben deiner Welt neben allen kommenden Welten
(ferne die funkelnden Ozeane,
die dein Bruder durchmisst, um Ordnung in die Arten zu bringen,
während du still und stimmlos die Namen hauchst,
unerschöpflicher Rosenkranz,
das All umfangen vom unendlichen Akt des Sprechens,
das Sprechen bevor Welt war,
das Sprechen, das aus Welt Welt macht).

Alles spricht, auch schweigend, Wilhelm,
der Schweißgeruch des Bettzeugs,
die Nacht aus Mist und Korn,
und unter anderen Monden andere Düfte, andere Nächte; Guglielmo,
im Anfang war immer das Wort,
das Zeichen, das Form gibt,
die Stimme, die ruft, die Klage,
die über Not aufklärt,
das Lachen, das einen Weg ebnet;

und jeder Gott wird anders
mit dem Wesen, das ihn ruft,

anders das Haus, der Baum, die Straße,
der Tisch, auf den man Brot legt;
anders die Frau für den Mann
und der Mann für die Frau;
aber alles stimmt zusammen,
wenn die Vernunft nicht schläft und träumt;
die Vernunft, die für dich spricht, singt
und gestaltet Welten.

Aber Guglielmo, hast du je gedacht
wie anders dein Name klingt
in jeder anderen Sprachen, verdachtsvoll; oder
hast du je jemanden in einer
Fremdsprache geliebt,
hat er dich erschaudernd als Guillaume ausgesprochen,
oder Wilhelm,
so strich es über deine Stirn, und die Angst
ist aufgewacht und rührte sich unter der
unbekannten Berührung, kleiner Fisch
Beifang im Netz;

oder hofftest du wirklich, mit einem Sprung
von einer Welt zur nächsten zu gelangen,
von einer Sprache zu anderen, außerhalb des Kreises,
von Wilhelm zu Guglielmo, von Guglielmo zu Guillaume,
die Vernunft wach, lachend, schwebt über
Sprachlandschaften
Wälder voller Vögel, hartflügelige Insekten
durchsichtige Geräusche;

Wilhelm, Guglielmo, der Optimismus der Vernunft
wenn sie unter des Schlafes
schwarzem Flügel entschlummert; und Worte
wie zersplittertes Holz. Du hast dich kurz umgedreht, schau:
wo ist das gewobene Wort, das heiße Wort
und das lauwarme Wort,
wie die Form des Brotes, der corpo,
ein Leib für jeden Menschen der Erde:
das Meer, das am Ohr erstirbt,
das fleischgewordene Wort,
die einigende Sprache,
die verlorene Sprache.

Les Joies de la crevasse

Versuch über Alexander von Humboldt

Eine gigantische Pinie,
die auf dem Gipfel des Vulkans wuchs,
ihr schlanker Stamm aufgefächert in schattige Äste,
die weder Erfrischung noch flirres Entspannen brachten,
sondern eine Nacht ohne Wolken, ohne Sterne, ohne Meeresluft:
kein anderes Bild schien dem jüngeren Plinius geeigneter
für die aus der Erdnüster schnobenden Aschen,
krümeliges weißes Bahrtuch über Strand und Betten,
als ihn der Historiker Tacitus nach dem Tod
seines Onkels fragte, der mit dem Kopf
voller Wissen, doch schwachen Lungenflügeln.

An der Meerenge von Gades
endete die Welt damals, *rastlos* sich drehend —
wie sollte A. auf seinen Reisen nicht an ihn denken?
Umwälzungen, Erschütterungen, Ausbrüche
vielfältiger Art lagen auch hinter ihm,
als der Chimborazo wie ein ungezähmtes Pferd
mit leuchtender Schneemähne aus dem Dunst der Ebene stieg,
und wie immer, wenn er nicht aus seiner Haut konnte,
weil dem Körper die Grenzen eingeschrieben sind,
schob er sie hinaus, notfalls auf allen Vieren,
dort auf dem mannschlitzenden Grat,
selbst Teil der Versuchsanordnung,
selbst das empfindlichste Eudiometer, Spal-

> „Es geht um den Sauerstoff, Bruder, die Wirkungen,
> um mich in Wechselwirkung und meine Reaktion
> auf Metalle (Zink etc.) im aufgeritzten Rücken,
> Sauerkleesäure auf den Schneidezähnen,
> die Nerven in Kontakt mit Curare in der Hütte
> eines Chemikers vom Orinoco, die Aale *(tembladores)*,
> die mich ebenso elektrifizierten wie die Pferde,
> mit deren Hilfe man sie fing —: Erkenntnis
> fordert Opfer, Erkenntnis tötet das Mitleid wie

die Pferde, Eidechsen, Frösche, bis zum Atemende,
im Stollen, auf dem Gipfel, stets ohnmachtsnah,
oder in der Taucherglocke unter der Themse,
inmitten Schlick und Kot —: wieviel Barometer
Druck einer aushält, wieviel Bildungstrieb, darum
geht es, die Sprache, sie aus Mumienlappen zu wickeln,
wie du sagst, lieber W.: *NichtMensch, d.i. Welt zu seyn.*"

tentester, mit hohem Einsatz, da viel auf dem Spiel steht:
Beziehungen, ihre Gesetze, die allseitige Verkettung,
weit hinaus übers piefige *überhämische* Berlin,
auf Sand gebaut, mit blechernem grauem Himmel,
und trotz der Bücklinge im Stadtschloß,
der Neider in schwärzeren Schwärmen als Moskitos
und gieriger als die Fledermäuse, die still
übers Gesicht streiften in den gefräßigen Hitzenächten —
am Ende beschloß der ältere Plinius,
Menschen aus dem Aschenschnee zu retten,
statt wißbegierig zum Vulkan zu hasten;
A. beteuerte, die Wahrheit so genau nicht zu kennen,
er kreiste sie ein, indem er benannte, was falsch ist,
seine Disziplin: die Perfektion des Versuchs,
die Architektur des Vorläufigen,
bei der keine Fassade nostalgisch errichtet
oder etwas zur Theorie gemörtelt wird.

Vielleicht kommt man eines Tages zu dem Schluß,
daß die Welt nicht viel mehr ist als eine Zelle
in den Hirnwindungen des Kosmos,
die Quasare und Pulsare Noten in einem System
mit einer Musik für keine Ohren oder noch unerfundene Ohren,
das Licht auf Abkürzungsrouten durch die fast leeren
Zwischenräume der dunklen Materie,
zum Anfang der Spiralgalaxie gleich nebenan,
und daß alle Phänomene bipolar *siderisch/tellurisch* sind.

Also dauerndes Unterwegssein, Heimat im Geist
    (am Ende doch stets Jäger, der seine Beute einheimst),
solange ungeklärt bleibt, was erhabener ist:
die Meßdaten oder die Gefahren?

tunglspeki

eftir því sem best er vitað sagði alexander
von humboldt aldrei við wilhelm bróður sinn:

„*Á stund minnar dýpstu örvæntingar var það góði
gamli máninn sem kom mér til bjargar, eða öllu heldur
góði gamli máninn ásamt þumli og vísifingri hægri
handar, eða svo ýtrustu nákvæmni sé gætt, góði gamli
máninn ásamt þumli og vísifingri hægri handar, að
viðbættu hægra auga mínu, og sjálfum heilanum.*"

og því hefur hann ekki haldið áfram:

„*Þar sem ég sat einn um nótt í hlíðum fjallsins sem
hafði gert sitt besta til að svipta mig vitinu, tók ég eftir
bláu skini góða gamla mánans, sem hann varpaði af
gjafmildi sinni í opna og útrétta hægri hönd mína, á
sléttan lófannn, sem þó var ekki sléttari en svo að vel
mótaði fyrir línunum, og án þess að hugsa mig um
kreppti ég höndina um ljósið. Það gekk mér úr greip
eins og við var að búast. En þegar ég lyfti krepptum
hnefanum upp að augum mínu til að fullvissa mig um
að ekkert væri eftir af blámanum í myrkri hans þá
teygðu sig fram þumallinn og vísifingurinn og gripu
utan um góða gamla mánann sem sveif fullur yfir
hafinu í suðri. Þannig hélt ég honum föstum milli
fingurgómanna og tókst meira að segja að kremja hann
örlítið saman líkt og strokleður af stamari gerðinni. Til
þess að sjá þetta betur lokaði ég vinstra auganu.*"

mondkunde / mondweisheit / mondwissen

soweit man weiß sagte alexander
von humboldt nie zu seinem bruder wilhelm:

*„In der Stunde meiner tiefsten Verzweiflung war es der gute
alte Mond der mich rettete, oder vielmehr
der gute alte Mond mitsamt Daumen und Zeigefinger meiner rechten
Hand, oder um äußerste Genauigkeit walten zu lassen, der gute alte
Mond mitsamt Daumen und Zeigefinger meiner rechten Hand,
sowie mein rechtes Auge, und das Gehirn selbst."*

und daher fuhr er nicht fort:

„Als ich allein in der Nacht am Hang des Berges saß, der
sein Bestes getan hatte, mir den Verstand zu rauben, bemerkte ich
den blauen Schein des guten alten Mondes, den er voller
Güte in meine geöffnete und ausgestreckte rechte Hand warf, auf
die glatte Handfläche, die doch nicht so glatt war, als dass sich
die Linien nicht abzeichneten, und ohne nachzudenken
schloss ich die Faust um das Licht. Es glitt mir aus der Hand
wie nicht anders zu erwarten war. Doch als ich die geballte
Faust an meine Augen führte, um mich zu vergewissern,
dass nichts von dem Blau in ihrem dunklen Inneren verblieben war, da
streckten sich der Daumen und der Zeigefinger und umfassten
den guten alten Mond, der in seiner Fülle über
dem Meer im Süden schwebte. So hielt ich ihn fest zwischen
den Fingerkuppen und schaffte es sogar, ihn ein kleinwenig
zusammenzudrücken wie einen Radiergummi der griffigeren Sorte. Um
dies besser sehen zu können, schloss ich das linke Auge."

Sjón | Übertragung — Tina Flecken

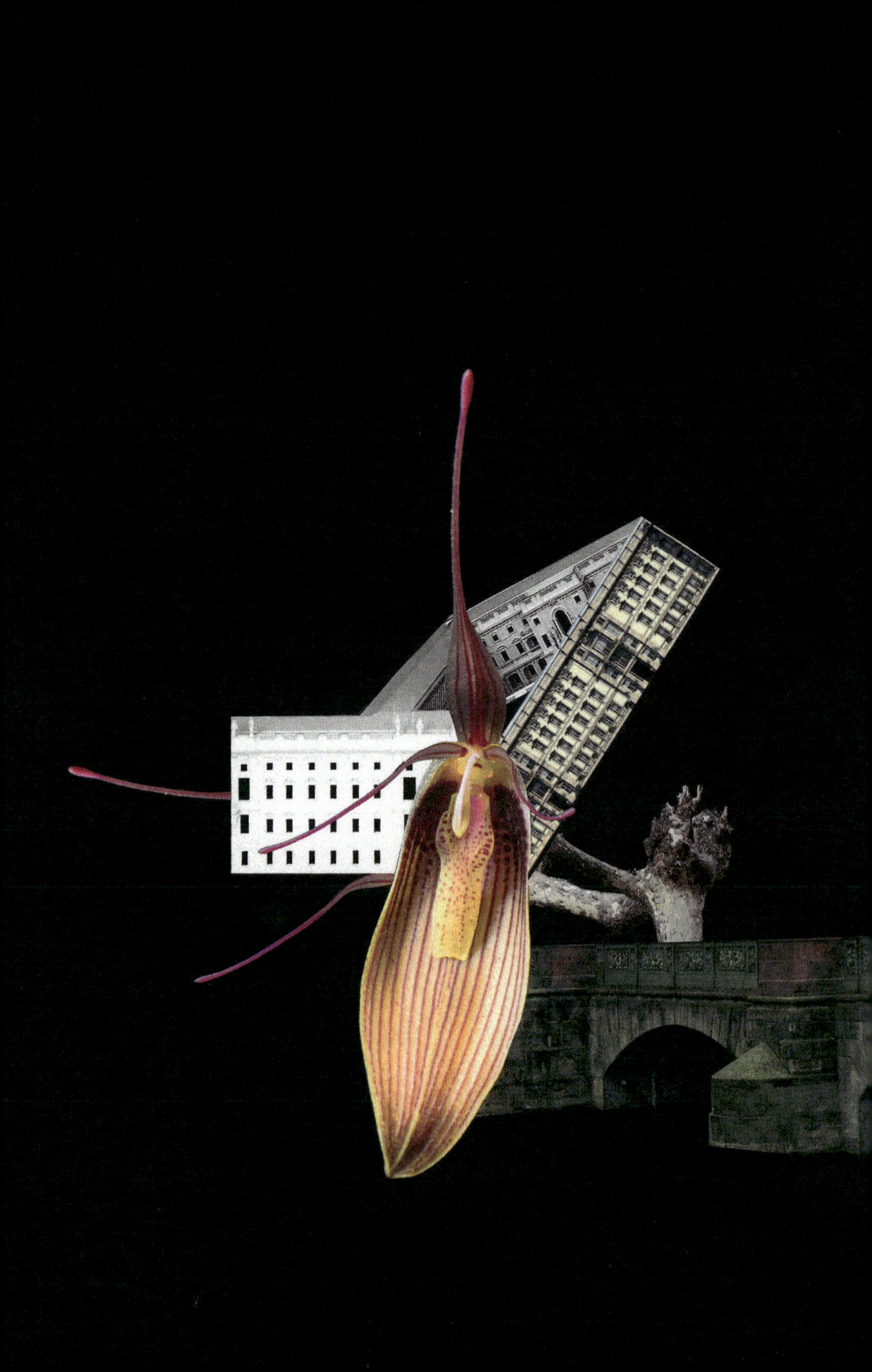

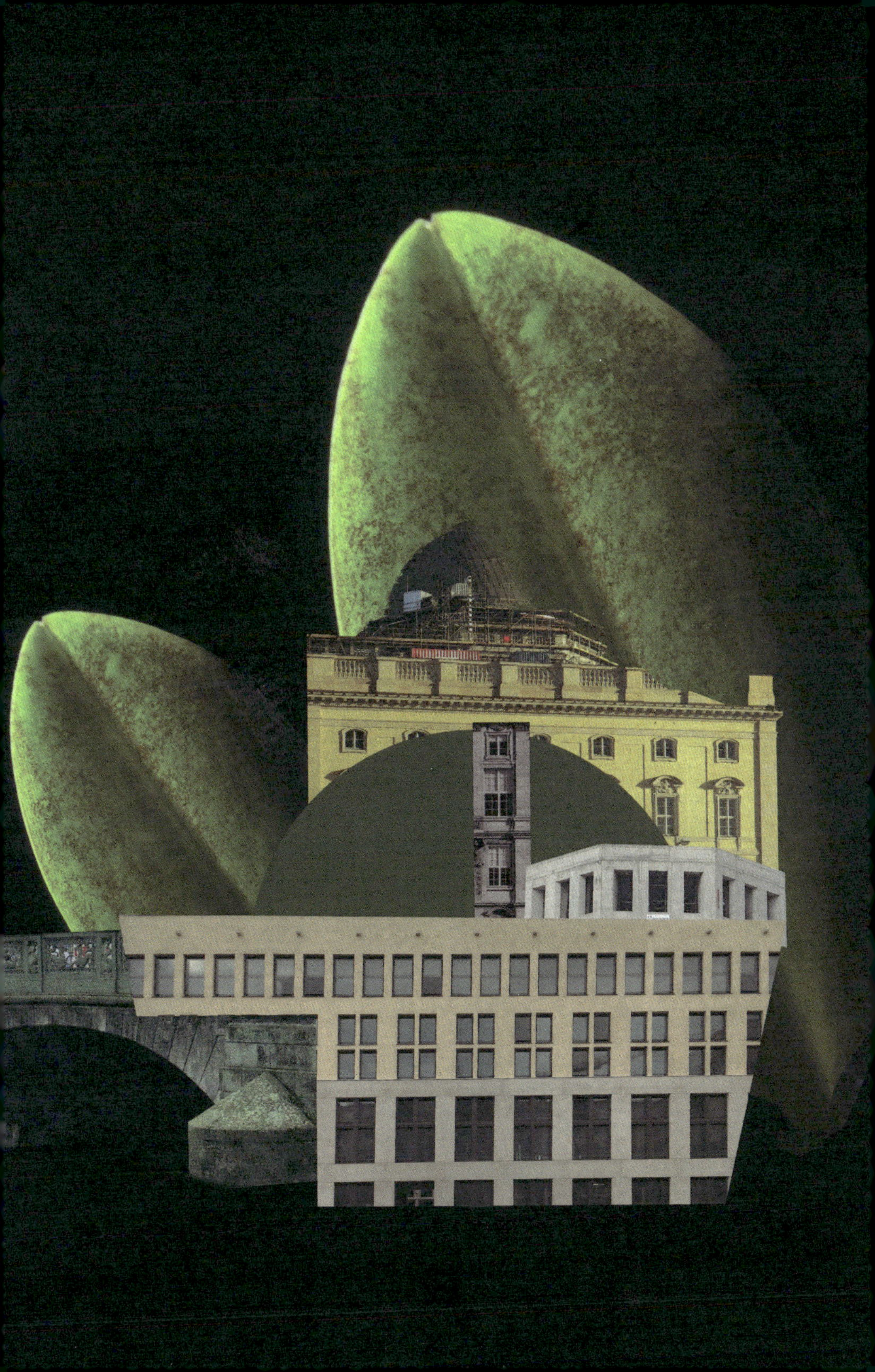

Exercício tectónico sobre a memória do Alexandre e outros círculos de vulcanismo histórico

Resumo: A terra, ainda a terra e depois a terra. Nenhum facto perdido no isolamento da tua boca ou mão: Grande cadeia de causas e efeitos.

Palavras-chave: Vulcanismo, **Palast der Republik**, tectónica de placas, norte, Chimborazo, erosão, expedição, sul, geografia, **memória**, Pompeia, reedição, este, Vesúvio, Naturgemälde, oeste, **Berlin Schloss**, coordenadas, arqueologia, *Ring of Fire*

Pico
Eyjafjallajökull
Etna, Pichincha, Longonot
Mãos flamejantes fechadas em círculo
Bolo em camadas ou história da humanidade?
Delírio anóxico das cordilheiras dos trópicos. Psicotrópicos.
Sentados no palácio de reflexos. Coloridos, nas roupas geométricas.

Dispostos em colectiva miragem ou explosão de ocidente. Expectantes e vivos, repartidos em pixéis, recortados no contraste dos mármores. Ícones da memória audiovisual. Ou da recordação postal. Turismo gravitando na morte. Fixos, os copos rígidos. Insuflados, sem data de validade. Não há um pingo de vaidade na memória. A destruição natural eclipsada pela devastação histórica. O que podem os piroclastos ou as lavas aa contra as forças da acção ideologicamente orientada? Tu, soterrado por depósitos de sedimento de método científico. Matemática aplicada à erosão da vulnerabilidade. Empurra com método toda a vergonha da carne. Decalca os bustos erectos dos que garantem lugar no futuro. Assim regressas à cidade onde tudo se oculta e se revela. Ergues-te alto na invisibilidade alheia. Vista de longe, a Terra é um berlinde estático. Com muita ampliação, tudo se torna repetitivo, previsível e monótono. Qual é então a distância ideal para apreciar as diferenças subtis da matéria e da forma? Alexandre levantou o braço e por isso reprovou.

Tektonische Übung über Alexanders Ruhm und andere Kreise des historischen Vulkanismus

Abstract: Die Erde, immer noch die Erde und wiederum die Erde. Keine Tatsache geht in der Abgeschiedenheit deines Mundes oder deiner Hand verloren: Große Kette von Ursachen und Wirkungen.

Schlüsselwörter: Vulkanismus, **Palast der Republik**, Plattentektonik, Norden, Chimborazo, Erosion, Expedition, Süden, Geographie, **Erinnerung**, Pompeji, Neudruck, Osten, Vesuv, Naturgemälde, Westen, **Berliner Schloss**, Koordinaten, Archäologie, *Ring of Fire*

Pico
Eyjafjallajökull
Ätna, Pichincha, Longonot
Flammende Hände im Kreis geschlossen
Schichtkuchen oder Geschichte der Menschheit?
Anoxisches Delirium der Bergketten der Tropen. Psychotropen.
Im Palast der Spiegelungen sitzend. Bunt in geometrischer Kleidung. Angeordnet in kollektiven Trugbildern oder Explosion des Westens. Erwartungsvoll und lebendig, aufgeteilt in Pixel, ausgeschnitten im Kontrast des Marmors. Ikonen des audiovisuellen Gedächtnisses. Oder der postalischen Erinnerung. Tourismus den Tod umkreisend. Feste, starre Gläser. Aufgeblasen, ohne Verfallsdatum. Es gibt keinen Tropfen Eitelkeit im Gedächtnis. Natürliche Zerstörung von historischer Verwüstung ausgeschaltet. Was können Pyroklasten oder Aa-Laven den Kräften des ideologisch orientierten Handelns entgegensetzen? Du, verschüttet unter Ablagerungen von Sedimenten wissenschaftlicher Methodik. Mathematik angewandt auf die Erosion der Verwundbarkeit. Schieb mit der Methode die ganze Scham des Fleisches auf. Pause die aufgerichteten Büsten derer ab, die einen gesicherten Platz in der Zukunft haben. So kehrst du also in die Stadt zurück, in der alles verborgen und enthüllt ist. Du steigst hoch hinauf in der Unsichtbarkeit anderer. Aus der Ferne betrachtet, ist die Erde eine statische Murmel. Bei ausreichender Vergrößerung wird alles wiederholt, vorhersehbar und eintönig. Welcher ist dann der ideale Abstand, um die subtilen Unterschiede von Materie und Form zu erkennen? Alexander meldete sich und fiel deshalb durch.

Wilhelm von Humboldt

Kehlmann stellt das Brüderpaar als ungleich dar.
Wilhelm als gemeinen Apathisten,
der seinen Bruder stutzt, belächelt und quält.

In einem Brief aus dem Jahre 1810
beschreibt er seiner Frau die Beerdigung
von Luise Wilhelmine, Königin von Preußen,
und spricht eigentlich nur von Rührung
                    und Liebe.

„Ich leugne nicht, dass mich die Tage
sehr erschüttert haben", schreibt er ihr,
voller Sorge um den König und die Kinder.
„Mir brennt der Boden unter den Füßen",

„Den Lebenden die Trauer,
noch reiner als die Liebe ist sie Wahrheit",
schrieb Goethe in einem Brief an Schiller.

Wir werden es nie wissen wie er war.
Biographie ist keine Wissenschaft,
ganz gleich wie adäquat sie auch gemacht ist,
sie stößt auf das, was erzählt wird.

Was sicher bleibt: die Universität
und mancher Mensch, der mit der Sprache
anders umgeht dank
                Wilhelm von Humboldt.

Sprachgedicht

dass meine sprache
oder dass das sprache ist
rachen   der sich vermisst
eine vermessung oder vermessenheit

wer weiß und sorgt für gewöhnung
gewänder vielleicht nur gewölbe höhnen
manche da oder ist das gewähren
manche verkaufen die ähren nicht die nahrung

warnung vor dem pfad und der gefährdung
da ragen dinge auf da regnet singen
das alles macht die sprache auf hört euch um
den verstand herum nur worte worte

wahn und witz und wunsch und spielgeltung
sprache macht gestell geprell und zierde

dass meine sprache oder dass das sprache ist

السؤال سَفَر
والخطى كلمات..
تذهبُ أبعدَ من المدى
أبعدَ من الغزاة الذين يطحنون الأرض..
تقدّم أيها السيّد بوجهك الهادئ
سأغمضُ عينيَّ
وأرسلُ روحي لتسرد حكايتك..
ستمدُّ يدك للغابةِ
ستعلو الأشجار
سيعلو العشب
ستعلو الجذور...
سماءٌ كثيفةٌ من الكائنات
تمنحك أسرارها
كلَّ أسرارها..
لتمنحَ الناس الغبطة
وتاريخ الأشياء البسيطة،
التي نلمحها فنبتسم
لكنّنا لا نسألُ أبداً!

ألكسندر فون هومبولت يتمشّى في القصيدة

هجِّئْ !
قالت الأرضُ..
ثمّ مدّت طريقاً طويلاً..
"عليكَ أن تتبعَ الحصى
هجِّئْ خطواتِ الناس
والعجلاتِ والأظلافَ
والمناقيرَ التي عاندتِ الجوع"...
*

تاريخٌ من الآباء
تاريخٌ من الجهلِ الذي يحفرُ عميقاً
تاريخٌ من المسافاتِ التي تُفضي إلى هاوية..
*

اليتمُ سيرسم طريقك الأوّل
لتقرأ سيرةَ الأبوّة
العطفُ سيجعلك ترسمُ أوراقَ الأشجارِ
التي سيبتلعها الإسمنت
الحدس سيقودك إلى سيرة الأرض..
كأنك تهمس للوقت:
سيأتي الناس..
وستأتي الفتاة التي ستكتب القصيدة...
*

ابتكرنا الآلهة لتؤنسنا في العتمة
لنأكلها في الجوع
لنكرهها في الخسران
و نصفّق لها في فرحٍ عابر..
ابتكرنا أوّل الهجراتِ وأوّل القتل
خلقنا الأسماء..
لكننا أبدا لم نسأل!
*

Alexander von Humboldt geht im Gedicht spazieren

„Buchstabiere!"
sagte die Erde
dann entfaltete sie einen langen Weg
„Folge den Kiesen
entziffere die Schritte
die Räder, die Hufe
und die Schnäbel, die dem Hunger nicht gehorchten"
*
eine Geschichte von Stammvätern
eine Geschichte von Blindheit, die tief gräbt
eine Geschichte von Strecken, die zu einem Abgrund führen
*
die Waisenschaft zeichnet seinen ersten Weg
auf der Reise erspürt er die Bedeutung der Vaterschaft
die Sympathie bringt ihn dazu, Blätter zu zeichnen,
die später vom Beton verschlungen werden
eine Intuition offenbart ihm die Geschichte der Erde
als würde er der Zeit flüstern:
„Die Menschen werden kommen
und das Mädchen, das das Gedicht schreibt, wird auch kommen"
*
wir erfanden die Götter, damit sie uns im Dunkel trösten
damit wir sie beim Hunger essen
damit wir sie beim Verlust hassen
damit wir ihnen zujubeln bei einer flüchtigen Freude
wir erfanden die ersten Wanderungen und die ersten Morde
wir kreierten die Namen
aber wir haben nie gefragt
*

Fragen wie Reisen
Schritte wie Wörter,
Wörter gehen weit über den Horizont hinaus
und weiter als die Eroberer, die die Erde schleifen
Schreite weiter! du Herr, mit deinem ruhigen Gesicht
ich werde meine Augen schließen
und meine Seele lösen, damit sie deine Geschichte erzählt
zum Wald wirst du deine Hand strecken
die Bäume werden sich erheben
das Gras wird sich erheben
die Wurzeln werden sich auch erheben
*
ein wolkiger Himmel voller Kreaturen
schenkt dir seine Geheimnisse,
all seine Geheimnisse
du schenkst den Menschen das Vergnügen
und die Geschichte der einfachen Dinge
die wir erblicken dann lächeln
aber ohne Fragen zu stellen

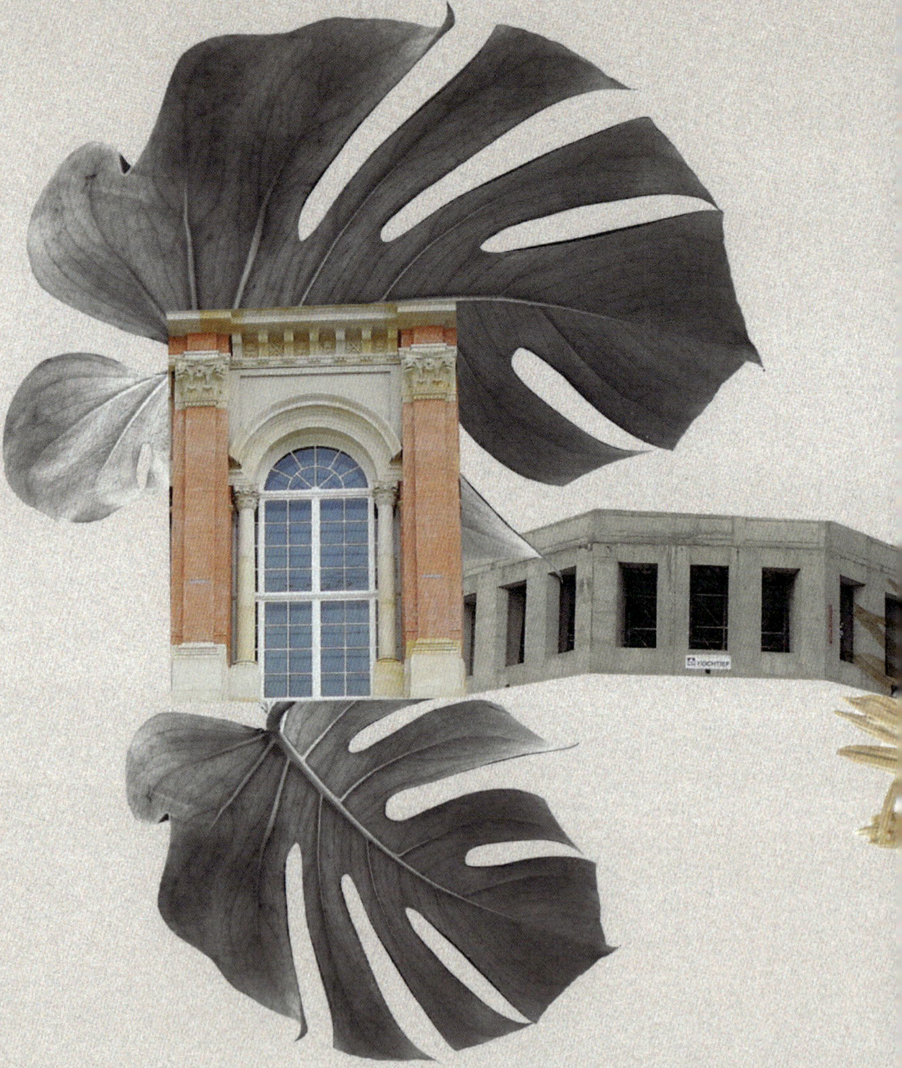

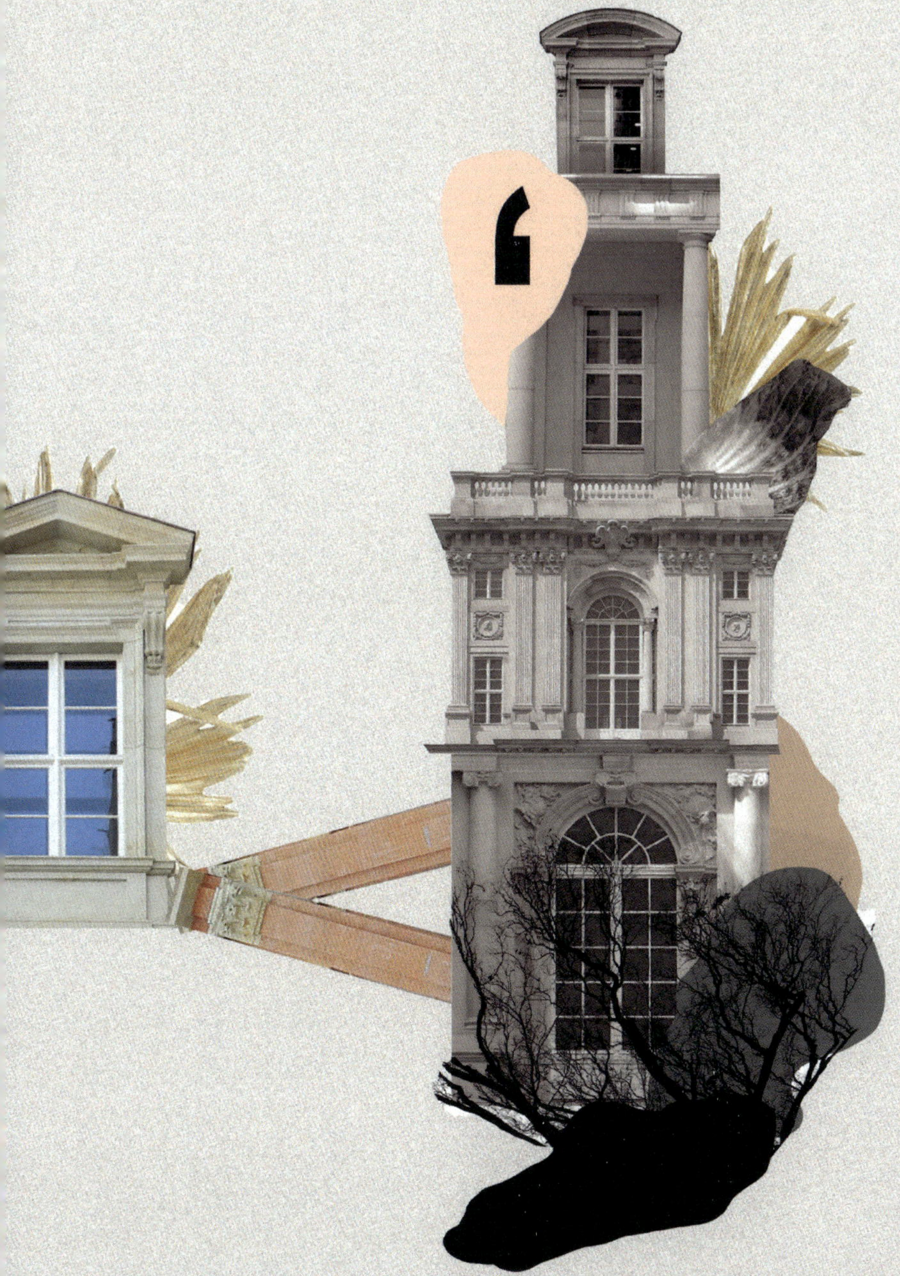

dein herz, eine handvoll
sehnsucht, ein see aus fernweh
auf dem tiefen grund deiner
wissbegierigen kinderaugen.

wie die zeit in die kerbe der
jahre zerrinnt, bliebst du entgegen
tugend und tadel ein beharrlicher
träumer. warst preußischer beamter,
baron von humboldt; du **höhlenbotaniker**,
von abenteuer getriebener forschergeist.

bist auf den gipfeln der vulkane in
azurblaue himmelswelten versunken,
um unter einem weißen meer aus wolken,
tief in den bauch der erde zu blicken –
du himmelsbeobachter, geschichtenerzähler;
warst mit sextant und fernrohr dem horizont,
den sternen nah.

wie gern er humboldten erzählen hören mag,
schrieb goethe einst in *wahlverwandschaften* –
denn wer dich traf, verharrte im staunen,
las die welt von deinen lippen.

schneefelder, weiß. habe die spuren in formalin gegossen.
über den wolken schimmert nun dein lächeln. die
momentaufnahmen, auf denen du dem himmel so nah warst –
alle augenblicke sind jetzt konserviert. die luft in meinem
zimmer riecht nach dir, riecht wie nach diesem fernweh in
alten weltatlanten. wälze ich die vergilbten seiten, bin ich
bergflanken nah und schneelawinen geraten ins
ungleichgewicht, begraben mich lebendig in deinen räumen.

Jenes Spielreich

Die Eiche, die seinen Namen trägt,
ziemlich zerfleddert, fast eine Leiche,
auch über ihr Alter ist man sich uneins

Und doch setzt man weiter auf Holz,
tropisches selbstverständlich, verpackt
in eine Transportbox, wurde ein Südseeboot

ins Forum, das seinen Namen trägt,
verbracht und harrt gegen Schäden versichert
im Trockenbau auf seine Inszenierung

Derweil erinnere ich mich an eine Party,
im argentinischen Palermo, irgendwo zwischen
Humboldt und Bonpland, gepflastert und dunkel,

die beiden Buddies, fast Parallelstraßen,
nur ein Gletscher, Fitz Roy, schob sich dazwischen
und kalt war es auch, auf dem Balkon,

auf dem wir feierten, die Asche fiel auf die Straße,
Dafne reichte das Bier an Héctor, niemand
sprach über Adressen, was wisst ihr über Humboldt

hätt ich nicht zu fragen gewagt, Wissenslücken
ein Mann, in voller Montur, ohne Makel,
über den man eigentlich nicht viel weiß

oder zu viel, vielleicht nicht hier, aber dort,
wo er Tiere und Pflanzen klassifizierte, Proben
nahm, Gesteine und Sterne vermaß

und selbst eine Theorie für den Klimawandel entwarf
er steht jetzt, ohne Spaß, für einen hybriden Bau,
auf einer Flussinsel in der Stadt, der er einst entfloh,

ein Schloss, über das nun Silberrücken bestimmen,
während Du, Alexander, seziertest, Querschnitte zeichnen
ließest von Vulkanen und dem weiblichen Blick

entgingst, nur wer darf dich heute auf seine Fahne schreiben,
der du deine Idee von Frankreich liebtest, fast so sehr
wie die Ferne und jenes Spielreich im Tegeler Forst.

Antinous

Der Wiederkehr deiner Statue
in den Berliner Schlüterhof, 2019

I – Damals am Nil

Wie einst dein Blick traumtief ertrank
In den matten Nebeln des Nil
Im Windflaum die Barke schwankte
Du den ziehenden Fluten folgtest
Nach deiner Neider bösem Stoß –
Verzweiflung gar oder Opferwillen?

Hadrian, dein Kaiser sich wand im Fieber
Rief zärtlich deinen Namen: Antinous
Um dir das Lockenhaar zu streicheln
Nicht von dir weichen, deinem Wimpernschlag
Den er fand im vergehenden Hellas
Ein letztes Mal noch – in dir!

Wie ein Beben rührte ihn dein Kommen
In seiner dunklen Tage Seelenplage
Fielst du müde viel zu früh in die Ewigkeit
Hat dich nur geliehen, der nasse Tod?
Wann kehrst du um und heim in deine
Tempelstadt – das neu erbaute Antinopolis?

Verborgen Geist deines Traums umfing
Des kranken Kaisers Sinne, führte ihn
Zurück auf den römischen Thron
Um dich zu missen, Münzen zu prägen
Mit deinem Gesicht, Statuen zu errichten –
Dir, dem allerletzten Griechengott.

II – Heute im Schloss

Mit der Millennien letzten Wende
Erkennt die sorgenreiche Gegenwart
Ein lang vergessenes Glück.
Aus alter Zeit bringt sie zurück
Den Augenblick der Liebesfähigkeit
Marmorhart für die Unendlichkeit.

Schlösser fielen in den Staub
Wie vergangene Reiche sanken.
Sie erstehen neu aus dem Sehnen
Derer, die sich abermals erinnern
An alte Pracht. Zum Trotz jenen
Die schwören auf den Glasfassadengott.

Villen, Türme, Erker, Kirchenschiffe
Verschwanden für den König Beton
Gerettet wurde hier und da allein die Zier:
Als Kram verschmähte Flügel, etwa
Eines Engels – Karyatidenschmuck
Auch der schönste Jüngling der Antike.

Eng eingepackt erscheint mir nun dein Sein
Wie das Meine schläft, zwischen
Hohen Mauern im Schatten, und doch
Überragt dein Antlitzhauch meinen Mut
Erschaust du noch den Weltenschein
Aus dem du kamst, in den ich gehe.

III – Morgen im Licht

Nun staunst du wieder hinab
Von deinem steinweißen Sockel
Wie Unschuldsmensch und Gott
Zugleich, in deiner elysischen
Himmelsschönheit, umgeben
Von des Schlosses neuen Giebeln.

Dein Hall zurück ins Lichtland
Entflammte einen Hoffnungskeim
Komme nie zurück, du Kriegerwahn!
In ferner Zeit, die nah uns scheint
Um dich zu stürzen wieder in Dunkelheit
Worüber nur die Sterne weinen.

Ich habe mich verliebt
In deine Liebe, die den Tod
Nicht scheut für den einen
Dem treu du folgst in Endlosigkeit
Der dir immer wieder winden wird
Den Strauß schwermütiger Rosen.

Und ich trage dich weiter fort
In Gedichten und Geschichten
Wie auch die antike Zeit, die ich liebe
In den Glanz des Morgen, wo du
Noch bist, wenn ich schon bin
In einem finster leeren Raum.

Steffen Marciniak

De ti nada sei

De ti nada sei
Podia cruzar-me contigo
e nem sequer dizer-te boa tarde.

Li que eras isto e aquilo
mas para mim és:
escola e material de construção,
desastre de autocarro e cidade,
farmácia, destilaria, conselheiro e editora,
pista de automóveis, irmão e cervejeiro,
jogador de hóquei, biblioteca, universidade e professor.

Quando me disseram só consegui pensar que
Alexandres não conheço muitos,
O Search, o O'Neill e um primo meu em terceiro grau
e que as pessoas morrem
e a arquitectura fica
e a arquitectura muda
e que aqui havia, o que cheguei a ver
e tudo era cobre e veneno e esperança
e havia mitos com aventuras aquáticas
dentro do teu abandono recente.

E havia tantos espelhos que quando voltei a olhar já não te vi.
E o falo ao longe e as nuvens e o canal que não corre, anda.
E o por do sol, e os clichés e os pássaros no horizonte
e agora o pastiche
e os dias baços
e os meus passos quando me cruzei contigo
e nem sequer te disse boa tarde.

Von dir weiß ich nichts

Von dir weiß ich nichts
Ich könnte an dir vorbeilaufen
und nicht einmal Guten Tag sagen.

Ich las du warst dies und jenes
doch für mich bist du:
Schule und Baumaterial,
Busunglück und Stadt,
Apotheke, Destille, Berater und Verlag,
Autorennbahn, Bruder und Bierbrauer,
Hockeyspieler, Bibliothek, Universität und Professor.

Als man es mir sagte dachte ich nur dass
ich nicht viele Alexander kenne,
Search, O'Neill und einen Cousin dritten Grades
und dass die Menschen sterben
und die Architektur bleibt
und die Architektur sich verändert
und dass hier stand was ich selbst sah
und dass alles Kupfer, Gift und Hoffnung war
und es Mythen mit Wasserabenteuern gab
in deiner jüngsten Verwahrlosung.

Und es gab so viele Spiegel, dass ich dich, als ich erneut hineinschaute,
                                                                  nicht wieder sah
Und der Phallus in der Ferne und die Wolken und der Kanal, der nicht
                                                                   fließt, sondern läuft.
Und der Sonnenuntergang und die Klischees und die Vögel am Horizont
und nun der Pastiche
und die matten Tage
und meine Schritte als ich an dir vorbeilief
und nicht einmal guten Tag sagte.

Dídio Pestana | Übertragung — Mário Gomes

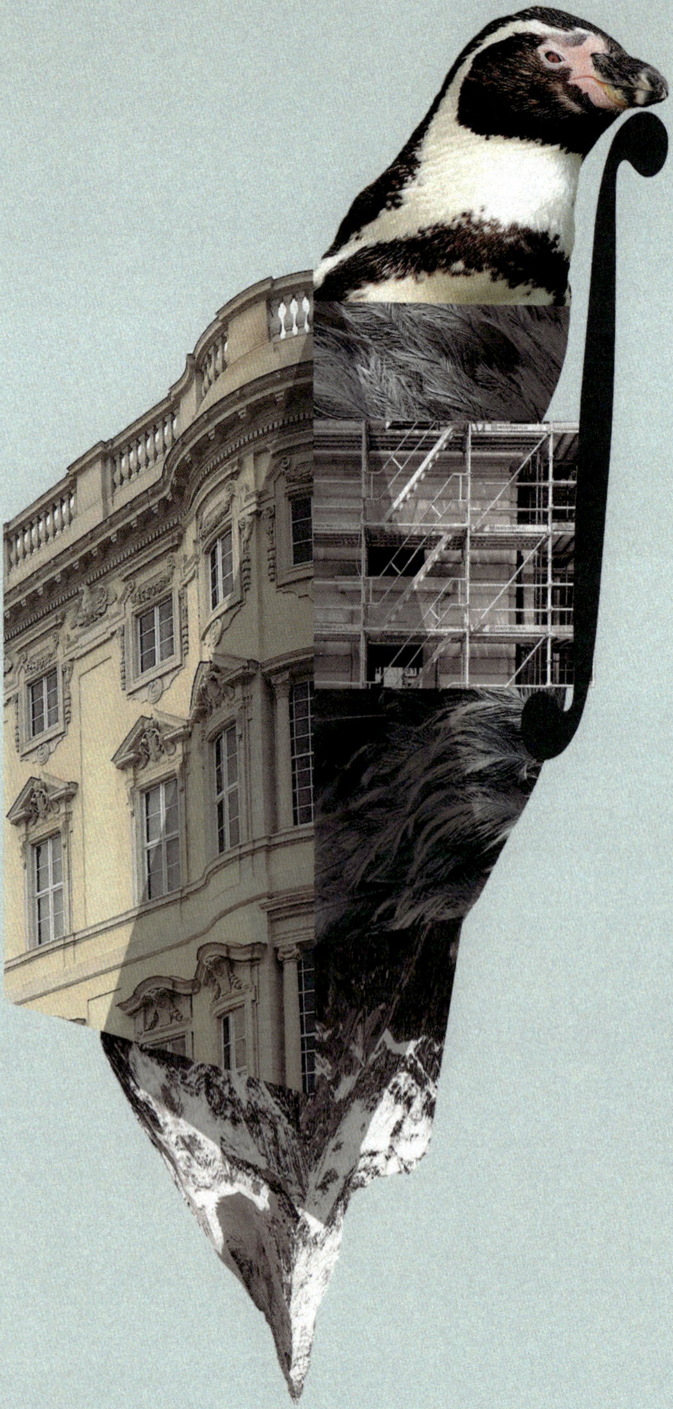

Sonetto per Alexander von Humboldt

Scoprire le carte del mondo
è un'estenuante partita di poker,
davanti al tuo viso rotondo
l'esistente si arrende, Alexander

Le tue carte tenute segrete
per non dare allo scandalo intorno
l'espediente di offese consuete
le hai mandate a bruciare in incendio

Delle lettere d'uomo per l'uomo
resta solo un'ipotesi scialba
come suono lontano di tuono

Chiaro invece è l'insolito segno
del tuo dignitoso silenzio:
che sottrarsi è una forma d'impegno.

Sonett für Alexander von Humboldt

Die Karten der Welt aufzudecken
ist eine anstrengende Partie Poker,
vor deinem Antlitz ohne Ecken
kapituliert das Existierende, Alexander

Deine geheim gehaltenen Karten
um dem Skandal nicht aufzupressen
das Siegel gemeiner Schelten
ließest du vom Feuer fressen

Von den Briefen von Mann zu Mann
bleibt zurück nur eine trübe Vermutung
wie fernes Donnertamtam

Klar hingegen ist das eigentümliche Zeichen
deiner würdigen Verschwiegenheit:
eine Form von Einsatz ist auch das Weichen.

Schlösser, die im Monde liegen und erwachen

Also. Fliegen zwei preußische Adler ... tun sich schwer und torkeln (die Krallen schwer von Apfel und Zepter), also die schlingern gleichzeitig an beiden Enden von Berlin (also dem Berlin von damals) los und kommen sich lüftens ins Gehege; exakt darunter ergab sich (nach Adam Grieche) der Mittelpunkt und damit Nabel der Stadt. Man darf so was, wie einen Omphalos nicht mit dem Brocken verwechseln, den Kronos für Zeus hielt und dann mit dessen Geschwistern erbrach. So ein Omphalos ist Zentrum und Fenster zugleich und so ein Sandstein am richtigen Ort, wenn er das überlieferte Viereck ermöglicht, ist ein Schloss. Die Geister bewohnen die Baluster und die Dämonen wiederum die gekuppelten Engel. Und die 90 Grad die rechten Winkel. Man munkelt in der Werft des Theseus: Über Statuen wurde bald die Farbe Weiß in die Architektur eingeschleppt. Der Renaissanceflügel (die eigentliche Perle) wird durch einen weißen Sarg, in dem man die ganze Spree zu Grabe tragen könnte, ersetzt. Aber wenn man die Augäpfel rotieren läßt wie ein Schaufelrad, bleibt an der Pupille ein wenig Giebel hängen und bronzefarbene Fenster vom Palast der Republik, eine Rasenfläche, die sich darin spiegelt und ein schwarz gebombtes Schloss vor brennenden Linden. Es ist spät abend als K. ankommt.

Buchstabenberge, Satzflüsse

Chimborazo fürchterlich
kalte Füße, höhenkrank
ein großer Stein nur hindert dich
am Gipfelsturm, ein Überhang.

Orinoko Mückenstich
tropentrunken schipperst du
botanisierend immerzu
dem Lauf des Wahnsinns nach. Unvordenklich.

Doch nach diesen geisteskranken Fahrten
katalogisiertest du die Arten
neu. Gesteine, Tiere, Humboldtströme,

Pinguine, unverstandene, schöne,
irren nicht mehr unerkannt durch Schnee, eiskalten,
sie sind jetzt auch Buchgestalten.

Humboldt geht aufs Ganze

1
war reisen der sinn? verglühte antworten, eben waren sie noch da,
    auf der suche nach dem tegeler vlies: ergrabene pflanzen
    in schächten, *stein oder nicht stein, das ist hier die frage*, wer fragt sie,
    der rhodische genius
        oder kisten mit blättern, blüten, samen, verschiffte
        geburts- und sterberaten, der bartwuchs der mexikaner?
        alles codiert
im hyperaktiven begriff von anschauung, in
    tableaux physiques, ihren farb-verschiedenheiten,
    bei obsessivem vermessungssdrang,

aimé immer im schlepptau, andächtig die
    vibration der baumblätter betrachtend
        oder eingegraben bis zum hals gegen moskitos
                unter botanischen nächten,
                sterbensklar.

2
jahrlang ohne dusche, air condition und netz, nur träger folgen
durch grünen schwachsinn und weiter, an füßen
faulende stiefel,
        umflort von insekten, durch
    schneewind   wüstnis   schlamm

vermaß wofür die alten griechen kein wort kannten: das reine
das bedrohliche, erbarmungslose
        B L A U
obwohl der himmel es nur vortäuscht, wie alles echte
    ist es auch falsch, ein schein
    wie jener dünne film vitaler phänomene
    zwischen magma und stratosphäre,
            zwischen ent- und weder

isothermen und isobaren taten ihre schuldigkeit

Michael Speier

3
das stichwort war wohl `alex`, les ich bäuchlings auf dem bett, seh
königspalmen, h., bei beinah nacktem indigenen jüngling, fast
athletisch, in einer landschaft, setting: tropisch. humboldt, mir
abgewandt, trägt straßenanzug, blaue gestreifte röhrenhose,
er zeigt nach rechts, die geste überdeutlich, zu einer gruppe
kleinerer hügel, aus deren kuppeln brodelt`s in der farbe
verdünnter milch, sanftes kolorit des stichs, zärtliches stöhnen
von zartem grün, geruch nach kräutern, schwefel, stramme
gewächse im vordergrund: wohl farne, *dieffenbachien*, fernher
lockerer dschungel, laubgehölze, wiesen, den zeigefinger
ausgestreckt, scheint h. dem jüngling mitzuteilen: ich weiß
dass nichts dahinter ist, wäre dort etwas würde ich es sehen.

das war bei turba-ko.

4
spukts in tegel? unterm blechernen himmel berlins: die gräber, bei koniferen
(ähnlich den koniferen in großen höhen mexikos),
südwestlich
    von zacatecas: bleiglanz, weiß-bleierz, gelbe schwarze
  und braune blende, kupfer und schwefelkies, magnet-eisenstein,
kupfer lasur, malachit, ferner silberschwärze, hornerz, in größerer tiefe
              etwas weniges gediegen gold

(gold exkrement der götter sagten die azteken)

sprach kein zapotekisch, doch französisch, wie früher
aller adel, in der maske der kakerlake aus gutem hause
drückt er dem preußenkönig souverän ein platin-korn
    aufs auge (echt neuspanisch!)
    kriegt dafür :
    weitere jahre
    hotel lutetia –

            (... u-bahnhof tegel, sonntags,
            beim *alten fritz* vorbei und
            spitzweghaft entlangspaziert
            am fließ, in seinem rand-

bereich älteste spuren
von menschen im berliner
raum, gelände sumpfig, stein-
zeitliche jäger jagten hier ren-
tiere, reich die flora heut noch,
laichkräuter, wassersterne, mäde-
süß und dost, nur einen steinwurf
weit von tegelschloss und -park und
seinen weiden, wiesen, spielgeländen ...)

er dachte: holistisch, schellingsch, kantisch,
entdeckerisch,
was für ihn galt, galt für den bruder: sprache sei
nicht mittel die schon erkannte wahrheit darzustellen
sondern die vorher unerkannte zu entdecken,
    anders gesagt, der kopf ist rund damit das denken
    seine richtung ändern kann

5
war reisen der sinn? fragt sich die daguerreotypie
von achtzehnsiebenundvierzig: der *kleine apotheker*,
vergreist zum kosmos-fossil, in schwarzem gehrock,
halsbinde weiß, korrekt von jugend an noch auf der
höchsten plattform einer pyramide, wirr das haar wie eh,
nur schütter. schau mal: humboldt auf erdumlaufbahn,
in melancholischer verschlossenheit verschiedener
vegetationsfomen. was dachten diese tiere, pflanzen,
als er sie sammelte, auf listen und in kisten packte,
gepresste blätter, blüten, zeitlose zellen, nun selbst
gepresst auf dieser platte, lichtempfindlich, mitsamt
den jahren in paris, den heißen nächten, frühstück im
procope, den grünen metallnen stühlchen im *luxembourg*.

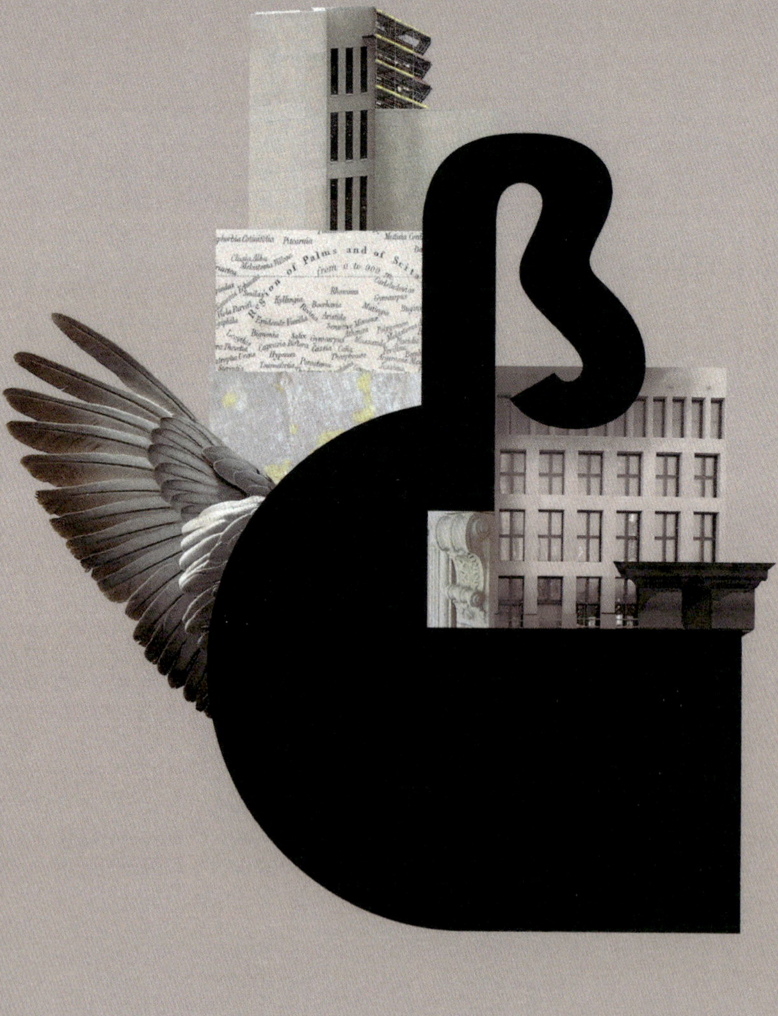
Region of Palms and of

videopanorama humboldtiensis

Armin Steigenberger

BAROCK IN ARBEIT – spread the word!

an kaum einem anderen ort orts-termin:
schlossplatz. schlossplatz! in den letzten 800 jahren
kloster, berliner schloss und aufmarschplatz,
kloster, berliner schloss und aufmarschplatz,
auf einem spannenden rundgang in berlin,
bitte einhundertfünfzig jahre abstand halten

palast der republik und kulturbaustelle, schlosskeller
bis zu den spuren der geschichte lassen sich
die unterschiedlichen zeitschichten des ortes
überall im haus entdecken. kulturelle entwicklungen:

gesellschaftliche,
städtebauliche,
politische veranstaltungen.
projekte.
publikationen.
auf einem spannenden rundgang in berlin
durch das gesamte gebäude der geschichte,
ein großer paradeplatz
bitte maske aufsetzen!

schon jetzt können Sie mehr veranstaltungsreihe
zur geschichte des ortes erfahren
bitte nur 5 personen gleichzeitig eintreten

das gesamte gebäude die geschichte
ein großer paradeplatz, ein historischer schlosskeller

gesellschaftliche,
städtebauliche,
politische paläste der republik:
des ortes vielfältigkeit erleben.
bitte berücksichtigen Sie die warnhinweise

über das videopanorama
rummelplatz fußballplatz
bis in den skulpturensaal
hin zu den spuren der geschichte
überall im haus entdecken

kloster, berliner schloss und aufmarschplatz,
kloster, berliner schloss und aufmarschplatz,
gesellschaftliche zeitschichten
niemand hat die absicht eine demokratie abzubauen
auf einem spannenden rundgang
auf einem spannenden rundgang in berlin.

ab ende 2020 können Sie berlin ganz neu erfahren
das gesamte gebäude der geschichte
ein paradeplatz,
ein historischer schlosskeller,
gesellschaftliche zeitschichten
städtebaulicher aufmarschplatz,
politische paläste der republik:
des ortes vielfältigkeit erleben.
bitte nur mit ffp2 maske eintreten

laden Sie sich die unterschiedlichkeiten des ortes herunter
die rolle dieses politisch wichtigen standortes spielen

BIER, BULETTEN, BAROCK

auf einem spannenden rundgang
auf einem spannenden rundgang in berlin.
bitte halten Sie einmeterfünfzig abstand

das ehemalige hohenzollernschloss als mitte berlins
können Sie überall im haus entdecken.
schon jetzt können sie mehr
zur geschichte des ortes in
veranstaltungen,
projekten und
publikationen sowie in
veranstaltungen,

projekten und
publikationen erfahren.
bitte die hände 30 sekunden warm mit handseife waschen,
gründlich abtrocknen

gebrüder alexander und wilhelm
von humboldt, der enge freund goethes.
vermeiden Sie unnötige kontakte

für das entstehen der deutschen kultur
ist die sprache ein mittelpunkt,
zerstörung im 2. weltkrieg.

an kaum einem anderen ort orts-termin
schlossplatz. schlossplatz! in den letzten 800 jahren
berliner kloster, schloss- und aufmarschplatz,
berliner kloster, schloss- und aufmarschplatz,
ob kloster, berliner schloss, aufmarschplatz,
palast der republik oder videobaustelle
suchen Sie nach telefonischer anmeldung einen arzt auf.

De cómo las galas de ciencias, arte, poesía y Humboldt suspenden algunas trabas de la felicidad social

> Todas las noches se reúnen en grandes salas, muy bien iluminadas con lámparas de Argand, centenares de jóvenes, de los cuales unos dibujan al yeso o al natural, mientras otros copian diseños de muebles, candelabros u otros adornos de bronce. Aquí [...] se hallan confundidas las clases, los colores y las razas: allí se ve al indio o al mestizo al lado del blanco, el hijo del pobre artesano entrando en concurrencia con los hijos de los principales señores del país. Consuela, ciertamente, el observar que bajo todas las zonas del cultivo de las ciencias y las artes se establece una cierta igualdad entre los hombres, y les hace olvidar, a lo menos por algún tiempo, esas miserables pasiones que tantas trabas ponen a la felicidad social.
>
> Alexander von Humboldt: *Ensayo político sobre el reino de la Nueva España*, Capítulo VII

Para Javier Bello

Irse de espaldas y mirar a la bóveda infinita qué cosmos qué noche qué nada: la ciudad de México era un trozo de vegetal perdido al fondo de un tazón de químicos y excesos: sopa de lluvia ácida que no se detiene nunca: un trozo de algo macerándose en su propio mugrero; entonces recitales en medio del apocalipsis ambiental, así reunidos en un templo alrededor de galas de poesía y efluvios: discusiones sobre la noche latinoamericana, que cuando no se sumerge en sus propias aguas sucias, se sumerge bajo las ráfagas y las tanquetas, los milicos y los estados de excepción: entonces Humboldt generoso abriendo las vitrinas con semillas, los manuscritos, las clasificaciones, estadísticas, tablas, numeralias: remedios y trapitos a las desigualdades, comprensión aguda de la injusticia y pasmo ante las caudas de miserias repartidas en proporciones desmesuradas a coloridas castas: quién diría entonces

que aquel mezcal de agave salvaje reservado tantas noches,
más de 79.303 por aproximación y cálculo estimado, desde que
el geógrafo desembarcó en americanas tierras, nos esperaba
de su mano; y entonces qué: semillas, almanaques, estadísticas,
seguimos mirando boca arriba y no amanece, cornucopia
de abundancia y referencias al Bío Bío, cordilleras y agave
destilado en grados altísimos de alcohol; siete mil kilómetros
por tierra por carreteras de Ciudad de México a Santiago por
cósmicas noticias de aves de plumajes licenciosos y festivos,
que desaparecen bajo la forma de un modelo económico, listas
de personas que se esfuman esta noche y otra: derroches de la
industria del agave, de la industria textil, agricultura e industrias
extractivas: sueños y esta lluvia sucia, que parece no menguar
de Groenlandia a Patagonia, y algunas desmesuras bajo las
lámparas de Argand tan en desuso; y quién diría, Humboldt,
que aquel mezcal reservado y versos y noches: personas de
arriba y abajo de una pirámide social multicolor y clases en esta
ocasión nos reconforta nos trae el alma al cuerpo para seguir
así bajo las luces de un quinqué cósmico y preciso para reunir
nuestras suposiciones y acomodarlas alrededor de piezas,
almanaques, croquis, gavetas y un regocijo inusitado; porque
entonces iluminación, noche que brilla de algo como alegre en
que parece tan posible, que aún en estas condiciones de erosión:
estas reuniones sean propicias a una especie de felicidad social,
donde ligeramente se disuelven inequidades y que esperemos
que no mengüen, así mientras amanece, miramos boca arriba y
al cobijo de palabras y amistad, nos guarecemos.

Wie die festliche Zusammenkunft von Wissenschaft, Kunst, Poesie und Humboldt einige Hindernisse der gesellschaftlichen Glückseligkeit aufhebt

> In den großen, mit Argandschen Lampen vortrefflich erleuchteten Sälen sind alle Abende ein paar hundert junge Leute versammelt, von denen einige nach Abgüssen oder lebendigen Modellen zeichnen, und die anderen Risse von Meublen, Candelabern und andere Bronzzierrathen copieren. Hier vermischen sich [...] Stand, Farben und Menschenraçen völlig, und man sieht den Indianer oder Metis neben dem Weissen, und den Sohn eines armen Handwerksmanns mit den Kindern der großen Herren des Landes wetteifern. Es ist wahrhaft tröstlich, zu sehen, wie die Cultur der Wissenschaften und Künste unter allen Zonen eine gewisse Gleichheit der Menschen einführt, indem sie sie, wenigstens für einige Zeit, die kleinen Leidenschaften vergessen macht, deren Wirkungen die gesellschaftliche Glückseligkeit verhindern.
>
> Alexander von Humboldt: *Versuch über den politischen Zustand des Königreichs Neu-Spanien*, Kapitel VII

Für Javier Bello

Sich auf den Rücken fallen lassen und das unendliche Gewölbe betrachten was für ein Kosmos was für eine Nacht was für ein Nichts: Mexiko-Stadt war ein vergessenes Stück Gemüse auf dem Boden einer Schale voller Chemikalien und Überschuss: nie versiegende Suppe aus Saurem Regen: ein Stück von etwas, das sich selbst aufweicht in seinem eigenen Sumpf; dann Lesungen mitten im Umweltuntergang, vereint in einem Tempel im festlichen Rahmen von Poesie und Düften: Diskussionen über die lateinamerikanische Nacht, die versinkt, wenn nicht in ihren eigenen Abwässern, dann unter Gewehrsalven und Panzern, unter Militärs und Ausnahmezuständen:

dann Humboldt, der großzügig die Vitrinen voller Samen
öffnet, die Manuskripte, Klassifikationen, Statistiken, Tabellen,
Numeralien: Patentrezepte gegen Ungleichheiten, scharfer Sinn
für Ungerechtigkeit und Erstaunen angesichts der Ursachen
der in unverschämten Proportionen auf bunte Kasten verteilten
Armut: wer hätte damals gedacht, dass dieser Mezcal aus
wildwachsender Agave, der so viele Nächte aufgespart wurde,
mehr als 79.303 ungefährer- und geschätzterweise, seit
der Geograf amerikanische Erde betrat, uns aus seiner Hand
erwarten würde; und was dann: Samen, Almanache, Statistiken,
wir gucken immer noch in Rückenlage und es wird nicht hell,
übervolles Füllhorn und Anspielungen auf den Río Bío Bío,
Kordilleren und hochprozentig destillierte Agave; siebentausend
Kilometer über Land und Landstraßen von Mexiko-Stadt nach
Santiago für kosmische Notizen über Vögel von feierlich-
ausschweifendem Gefieder, die unter dem Mantel eines
ökonomischen Modells verschwinden, Listen von Menschen,
die heute Nacht oder ein andermal verschwinden: Maßlosigkeit
der Agaven-Industrie, der Textilindustrie, der Landwirtschaft
und der Gewinnungsindustrie: Träume und dieser schmutzige
Regen, der nicht schwinden will von Grönland bis Patagonien,
und ein paar Unverschämtheiten unter den so selten
genutzten Argandschen Lampen; und wer hätte das gedacht,
Humboldt, dieser aufgesparte Mezcal und Verse und Nächte:
Menschen von der Spitze und von der Basis einer bunten
Gesellschaftspyramide und Klassen in dieser Situation tröstet
er uns bringt uns die Seele in den Körper damit wir verharren
können unter den Lichtern einer kosmischen und präzisen
Petroleumlampe damit wir unsere Annahmen zusammentragen
können und arrangieren um Stücke, Almanache, Skizzen,
Schubladen und eine ungewöhnliche Freude; denn dann
Erleuchtung, Nacht, die leuchtet vor etwas wie Freude in der
es möglich scheint, dass sogar in diesem Zustand der Erosion:
diese Zusammenkünfte, bei denen sich Ungleichheiten
sanft auflösen und die nicht schwinden dürfen, eine Art der
gesellschaftlichen Glückseligkeit fördern können, und während
es dämmert, schauen wir in den Himmel und finden bei
Wörtern und Freundschaft Unterschlupf.

HUMBOLDT FORUM

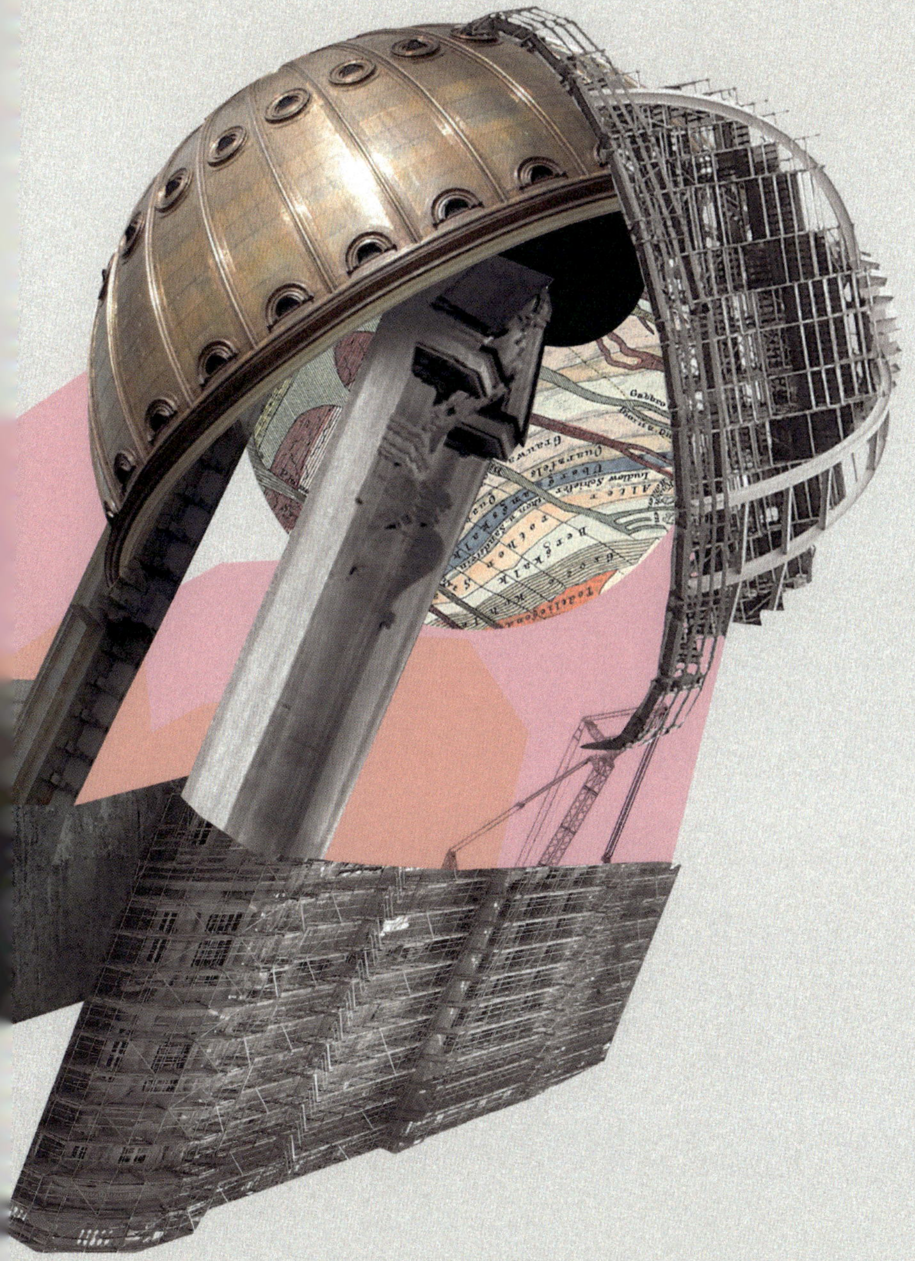

Kurzbiografien

Luís Quintais
wurde 1968 geboren. Dichter, Essayist, Anthropologe und Professor an der Universität Coimbra. Er veröffentlichte vierzehn Gedichtbände, der letzte, *Ângulo morto*, wurde 2021 veröffentlicht. Er ist auch Autor zweier Fotobücher, *Deus é um lugar ameaçado* (2018) und *Regressarás à leveza do ver: a Journey in Japan* (2020). Seine Poesie wurde mit verschiedenen wichtigen Preisen ausgezeichnet und sein Werk in alle wichtigen europäischen Sprachen übersetzt.

Mário Gomes
1978 in Bonn geboren, ist als Autor, Übersetzer, Dokumentarist und Universitätsdozent tätig. Ins Deutsche hat er u.a. Gedichtbände von Luís Quintais sowie *Rockabilly* von Mike Wilson übertragen. Ins Portugiesische übersetzte er *Schwarze Spiegel* und *Die Gelehrtenrepublik* von Arno Schmidt. Der aus einer Zusammenarbeit mit Jochen Thermann hervorgegangene Roman *Berge, Quallen* erschien 2016 bei Diaphanes. Sein erster Erzählband auf Portugiesisch *Conjunto de 3* wurde 2019 von Douda Correria in Lissabon herausgebracht.

Iain Galbraith

geboren 1956 in Glasgow, ist Lyriker, Essayist und Übersetzer. Zuletzt erschienen: *The True Height of the Ear* (Gedichte, 2018), sowie Übersetzungen von John Burnside (*Im Namen der Biene*, 2019), Esther Kinsky (*River*, 2018), Jan Wagner (*Self-portrait with a Swarm of Bees*, 2015), Esther Dischereit (*Sometimes a Single Leaf*, 2020) und, zusammen mit Melanie Walz, Alice Oswald (*46 Minuten im Leben der Dämmerung*, 2018). Seine Arbeit wurde vielfach ausgezeichnet, so auch mit dem Stephen Spender Prize, dem Popescu Prize for European Poetry Translation und dem Schlegel-Tieck Prize. Er lebt in Wiesbaden.

Margitt Lehbert

wurde 1957 geboren und wuchs in Genf, Washington D.C., Mexiko-Stadt und Bonn auf und studierte in Konstanz und der University of Iowa Philosophie, Komparatistik und literarisches Übersetzen. Unter anderem arbeitete sie für Sheep Meadow Press (USA) und Anvil Press Poetry (GB). Sie übersetzt Lyrik ins Deutsche (u.a. Les Murray, Carol Ann Duffy, Håkan Sandell) und Englische (u.a. Georg Trakl, Sarah Kirsch). 2006 gründete sie den Verlag Edition Rugerup.

Volker Sielaff

geboren 1966 in Großröhrsdorf / Oberlausitz. Er schreibt Prosa, Lyrik, Essays und Literaturkritiken. Veröffentlichungen (Auswahl): *Postkarte für Nofretete* (2003), *Selbstporträt mit Zwerg* (2011), *Glossar des Prinzen* (2015), *Überall Welt. Ein Journal* (2017), *Barfuß vor Penelope* (2020). 2007 Lessing-Förderpreis; 2015 Ehrengabe der Deutsche Schillerstiftung.

Jorge J. Locane

ist Professor an der Universität von Oslo. Er veröffentlichte die Gedichtbände *Poesía indestructible* (2015) und, zusammen mit Alfredo Jaramillo, Neuquén/Neukölln (2017). Als Mitherausgeber veröffentlichte er die Anthologie Berliner Lyrik in spanischer Sprache *El tejedor en Berlín* (2017).

Luis García Montero

wurde 1958 in Granada, Spanien, geboren. Der Dichter und Literaturprofessor an der Universität Granada hat in diesem Jahr eine Anthologie seiner Gedichte mit dem Titel *Die Zeit ist kein Fluss* im APHAIA Verlag veröffentlicht. Derzeit ist er Präsident des Instituto Cervantes.

André Bastian
geboren 1969, ist deutsch-australischer Theaterregisseur, Dramaturg und Übersetzer. Er studierte Hispanische Philologie an der Universidad de Granada (Spanien) und wurde an der Monash University (Australien) mit einem Thema zu Elfriede Jelinek promoviert. Nach längeren Aufenthalten außerhalb Deutschlands (Spanien, 1992 – 1998 und Australien, 2006 – 2020) lebt er heute in Mecklenburg-Vorpommern.

Harald Albrecht
ist Verleger und Autor. Er veröffentlichte die Gedichtbände *Wie duftet die auf Bibel kalibrierte Sprache* (München 2020), *Das Mannequin will angezogen werden* (München 2018) und *Euphrat, Tigris und andere schwarze Locken* (Berlin 2016), sowie die Partitur *19 Lieder* (Berlin 2015).

Clea Roberts
lebt in Yukon, Kanada. Sie hat zwei Gedichtbände veröffentlicht: *Auguries* (Brick Books) und *Here Is Where We Disembark* (Freehand Books). Ihre Gedichte sind auf Deutsch (Edition Rugerup) und Japanisch (Shichosha Ltd) erhältlich. Weitere Informationen finden Sie unter www.clearoberts.ca

Jordan Lee Schnee
ist ein in Berlin ansässiger freier Schriftsteller, Übersetzer und Musiker. Promoviert an der Freien Universität Berlin zu OuLiPo und Kabbala als verwandte poetische Herangehensweisen zum Wort. Zahlreiche Veröffentlichungen von eigenen Texten und als Übersetzer-Herausgeber in Literaturzeitschriften und Verlagen in den USA, Großbritannien, Argentinien und Deutschland. Sein letzter Gedichtband *Entfassung* ist 2019 bei Propeller Berlin erschienen.

Arndt Beck
arbeitet als freier Künstler in so unterschiedlichen Disziplinen wie Fotografie, Zeichnung und Text. Er befasst sich zudem seit einigen Jahren mit jiddischer Sprache und initiierte die Ausstellungen und Veranstaltungsreihen von YIDDISH BERLIN.

Nachoem Wijnberg
ist Dichter und Schriftsteller. Seine Poesie hat viele niederländische und belgische Literaturpreise erhalten, darunter den 2018 P.C. Hooft Award für sein Lebenswerk. Gedichtbände erschienen in Übersetzungen in Großbritannien (*Advance Payment* bei Anvil Press/ Carcanet 2013), USA (*Divan of Ghalib* bei White Pine Press, 2016;

Of Great Importance bei Punctum Books 2018), Südafrika (*Liedjies* bei Imprimatur 2021) und Italien (*Divan di Ghalib* bei La Camera Verde 2015; *Partita d'Addio* bei Raffaelli Editori 2021). 2022 erscheinen in den USA *Selected Poems* bei NYBR und in Deutschland *Jüdische Gedichte* bei APHAIA. Außerdem ist er Professor an der University of Amsterdam Business School.

Andreas Gressmann

geboren 1955 in Hamburg, aufgewachsen in Brüssel, studierte Geschichte und Romanistik. Heute lebt er als Übersetzer in München.

Max Czollek

geboren 1987 in Berlin, lebt ebenda. Mitglied des Lyrikkollektivs G13 und Mitherausgeber des Magazins „Jalta – Positionen zur jüdischen Gegenwart". Die Essays erscheinen im Carl Hanser Verlag. Die Theaterarbeiten im deutschsprachigen Raum. Die Gedichtbände im Verlagshaus Berlin.

Anna Hetzer

geboren 1986, lebt seither in Berlin. Zuletzt erschien der Lyrikband *Kippbilder* im Verlagshaus Berlin. 2017 war sie Stipendiatin der Villa Decius in Krakau, 2021 wurde sie mit einem Wolfgang-Weyrauch Förderpreis ausgezeichnet. Sie ist Mitglied des Lyrikkollektivs G13 und beteiligt sich zudem an verschiedenen künstlerischen Kooperationen, so zuletzt mit Gebärdenpoet*innen im Projekt handverlesen.

Tobias Roth

wurde 1985 in München geboren, wo er inzwischen wieder lebt. Seit seinem Debut *Aus Waben* (Verlagshaus Berlin 2013) veröffentlichte er als Autor, Übersetzer und Herausgeber über zwei Dutzend Bücher. Sein Foliant *Welt der Renaissance* erschien 2020 im Verlag Galiani Berlin. Roth ist Gründungsgesellschafter des Verlages Das Kulturelle Gedächtnis und der erste Künstler, der den Bayerischen Kunstförderpreis zweimal erhalten hat (2015 und 2021).

Klaus Anders

geboren 1952, Gärtnerlehre, Gartenbaustudium. Arbeitete als Gärtner, Textilfärber, Werkzeugmacher, med. techn. Assistent. Lebt in Frankfurt am Main. Debütierte 2003 mit dem Gedichtband *Mittag vorüber*. Es folgten sieben weitere Bände, zuletzt

Sèptimas, Edition Rugerup Berlin, 2020. Ebenfalls erschienen dort seine Übersetzungen norwegischer Dichter, u.a. Olav H. Hauge, Øyvind Rimbereid und Kjartan Hatløy.

Nicoletta Grillo
geboren in Mailand, studierte Philosophie an der Mailänder Università Statale. In Berlin promovierte sie im Fach Philosophie an der Humboldt Universität zum Thema *Der Engel und der Spiegel. Zur Philosophie Paul Valérys* (Logos Verlag, Berlin, 2011). Im Jahr 2014 erschien ihr Lyrikband *Lettere all'Amministrazione del condominio* (Faloppio, LietoColle), der 2015 den Literaturpreis „Città di Como" gewann. Es folgten die Gedichtbände *Il tempo lungo* (*Raum Italic*, Berlin, 2016) und *La pioggia che cade ieri* (*La vita felice*, Mailand, 2017). 2018 war sie zusammen mit Judith Krieg Herausgeberin von Proverbi italiani (Ditzingen, Reclam Verlag) und veröffentlichte das Sachbuch *Lasciatemi divertire. Quaderno di un poeta in erba* (Raum Italic, Berlin), das 2021 in einer zweiten überarbeiteten Auflage erschien.

Jürgen Brôcan
geboren 1965, lebt in Dortmund. Er ist Dichter, Essayist, Literaturkritiker, Herausgeber und Übersetzer v.a. aus dem Englischen. Zahlreiche Stipendien und Preise, u.a. der Literaturpreis Ruhr. Zuletzt erschien der Gedichtband *Ritzelwellen* (APHAIA, München 2020). Ebenda wird sein Gedichtband *Atemfrequenzen* 2022 veröffentlicht.

Sjón
(Sigurjon B. Sigurdsson) wurde 1962 in Reykjavík geboren. 1979 schloss er sich der Surrealisten-Punk-Dada-Performance-Lyrikgruppe Medusa an. In dieser Zeit – von 1980 bis 1986 – veröffentlichte er mehrere Gedichtbände. Seit 1987 hat er außerdem vier Romane, Theaterstücke und Fernsehdrehbücher geschrieben. Er schrieb die Lyrics zu einigen Songs von Björk (Isobel, Joga und Bachelorette) und – zusammen mit Lars von Trier – die Lyrics für *Dancer in the dark*. Sjon lebte einige Jahre in England und den Niederlanden und kehrte dann nach Reykjavík zurück. Für seinen Roman Schattenfuchs erhielt er den Literaturpreis des Nordischen Rates.

Tina Flecken
geboren 1968, studierte Skandinavistik, Anglistik und Germanistik in Köln und Reykjavík. Nach mehrjähriger Tätigkeit im Verlags- und

Kurzbiografien

Kulturbereich übersetzt sie Prosa und Lyrik aus dem Isländischen, u.a. von Sjón, Andri Snær Magnason, Auður Ava Ólafsdóttir und Yrsa Sigurðardóttir.

Denise Pereira
ist Dichterin, Performerin und Universalgelehrte, die glaubt, dass Worte die magische Kraft haben, zu transformieren, zu heilen und zu verbinden. Ihre Arbeiten sind auf Portugiesisch, Englisch und Deutsch zu lesen und wurden in mehreren Zeitschriften und Anthologien veröffentlicht. In den letzten Jahren war sie sehr aktiv in Communities wie Berlin Spoken Word und Women Writing Berlin Lab. Sie hat einen Doktortitel in Geschichte und Philosophie der Wissenschaften und ist auch eine leidenschaftliche Musikerin. Ihre poetischen Arbeiten können Sie in ihrem Blog (https://denisepereirapoetry.wordpress.com/), im Stadtsprachen Magazin (https://stadtsprachen.de/en/artist/denise-pereira/) und in der Anthologie Movement von WWBL lesen (https://www.wearewwbl.com/wwbl-online-shop/movement), um nur einige Quellen zu nennen. Sie hat auch ein Projekt mit poetischen Umarmungen auf Anfrage namens LoveLocked (https://poetilchugsonedmand.bogspot.com/) ins Leben gerufen.

Timo Brandt
1992 in Düsseldorf geboren. Von 2014-2018 Studium am Institut für Sprachkunst an der Universität für angewandte Kunst in Wien. Literatur-Rezensent für diverse Medien, u.a. signaturen-magazin.de und die Zeitschriften „Zwischenwelt" und „Literatur und Kritik". Im März 2020 erschien sein dritter Gedichtband *Das Gegenteil von Showdown* im Limbus Verlag. Er war Artist in Residence beim PROSANOVA 17 und Träger des Gisela-Scherer-Stipendiums 2019.

Lina Atfah
geboren 1989 in Salamiyah, Syrien. Sie studierte arabische Literatur in Damaskus. Seit 2014 wohnt sie in Herne, nachdem sie Syrien aus politischen Gründen verlassen musste. Seit 2017 schreibt sie für das Projekt „Weiterschreiben", bei dem sie bis heute mit ihrer Tandempartnerin Nino Haratischwili und anderen deutschen Autorinnen und Autoren sowie Übersetzerinnen und Übersetzern zusammenarbeitet. 2017 erhielt sie den „Hertha-Koenig-Förderpreis" für junge Schriftstellerinnen. 2019 erschien in Deutschland ihr erster zweisprachiger Gedichtband *Das Buch von der fehlenden Ankunft* (Pendragon Verlag), der mit dem LiBeraturpreis 2020 für das beste ins Deutsche übersetzte Buch ausgezeichnet wurde.

Osman Yousufi

geboren 1989 in Aleppo, Syrien. Physiklehrer und Übersetzer, wohnt seit 2014 in Herne. Studierte Physik an der Universität in Damaskus. Übersetzte für das Projekt „Weiterschreiben", ein Online Portal für Autoreninnen und Autoren aus Krisengebieten.

Hasune El-Choly

1983 in Beirut geboren, 1985 nach Deutschland immigriert, lebt in Hamburg. 2018 erschien sein erster Gedichtband *Jetzt bleiben Fragmente* als Mitlesebuch 144 im APHAIA Verlag.

Timo Berger

geboren 1974 in Stuttgart, lebt und arbeitet in Berlin als Übersetzer aus dem Spanischen und Portgiesischen und als freier Journalist. Er hat 2006 das lateinamerikanische Poesiefestival latinale mitgegründet, das er seitdem kokuratiert. Zuletzt veröffentlichte er als Herausgeber *Buenos Aires. Eine literarische Einladung* (Wagenbach, Berlin, 2019), als Übersetzer *Die Marilyn Monroe Santo Domingos, Gedichte von Frank Báez* (hochroth, Wiesenburg, 2020) und als Autor *extra muros. poemas públicos* (LUPI + Zoográfico, Sestao und Madrid, 2018).

Steffen Marciniak

geboren in Stralsund, seit 1988 in Berlin. Herausgeber der Anthologie *Entführung in die Antike* (2019) beim Verlag PalmArtPress und der mehrbändigen Lyrik-Edition NEUN (seit 2021). Bisheriges literarisches Hauptwerk sind seine Ephebische Novellen im APHAIA Verlag, zuletzt *PHAETHON* oder *Der Pfad der Sonne* (2020), *Dichtungen & Gedichte* im Anthea Verlag: *ÄolsHarfenKlänge* (2018) und *ErzEngelGesänge* (2019). Organisator „Griechisch-Deutsches Literaturfestival" und Juror des Hanns-Meinke-Preises für junge Lyrik.

Dídio Pestana

1978 in Lissabon geboren, absolvierte sein Erststudium in portugiesischer Sprache und Kultur an der Universität Lissabon und schloss später seinen Master in Sound Studies an der Universität der Bildenden Künste Berlin (UDK) ab. 2006 zog er nach Berlin, wo er intensiv als Musiker – sowohl in Bands als auch für Kino-Soundtracks – und als Tonmeister, Sounddesigner und Toningenieur für Filme und Künstler tätig war. 2008 hat er seinen ersten Spielfilm *SOBRE TUDO SOBRE NADA* uraufgeführt.

Maddalena Bergamin

wurde 1986 in Padua geboren und lebt derzeit in Paris. Sie promovierte in zeitgenössischer Literatur an der Université Paris-Sorbonne. Bergamins Hauptinteresse gilt der zeitgenössischen Frauenpoesie, die sie aus einer lacanisch-psychoanalytischen Perspektive erforscht. Ihr Debüt-Gedichtband trug den Titel *Comunque, la pioggia* (*Wie auch immer, der Regen*, herausgegeben von Giulio Perrone, 2007). Ihr Gedicht *Scoppieranno anche queste stagioni* (*Diese Jahreszeiten explodierten auch*) wurde in XII Quaderno di poesia contemporanea (veröffentlicht von Marcos y Marcos) aufgenommen. Ihr zweites Buch *L'ultima volta in Italia* (*Der letzte Spaziergang in Italien*) wurde 2017 von Interlinea veröffentlicht, Herausgeber Franco Buffoni.

Daniel Bayerstorfer

geboren 1989, arbeitet und lebt in München. Er schreibt Prosa und Lyrik und ist als Übersetzer aus dem Chinesischen und Italienischen tätig. Sein Debütband *Gegenklaviere* erschien 2017 bei Hochroth München. In Zusammenarbeit mit Tobias Roth entstand das in der Zeit der Münchner Räterepublik angesiedelte Kurz-Epos *Die Erfindung des Rußn*, das 2018 im APHAIA Verlag publiziert wurde.

Jochen Thermann

lebt in den Ausläufern der Monts du Lyonnais und unterrichtet deutsche Sprache, Literatur und Geschichte an der ENS de Lyon. Publikationen: *Kafkas Tiere* (Dissertation, Marburg 2010), *Der Hilfskoch* (Diaphanes Magazin 4/2018); gemeinsam mit Mario Gomes: *Berge, Quallen* (Roman, Diaphanes 2016); *Der Tausender* (Diaphanes Magazin 6/2019), *Inkubus. Der pandemische Text* auf triakantomeron.de; *Exnovation. 42 Würfelwürfe*, in: „Zukunft, gefaltet; *Choreographien des Als-Ob* (Nocturne 2021).

Michael Speier

geboren 1950, lebt in Berlin. Er arbeitet als Autor, Herausgeber der Zeitschrift PARK, als Übersetzer von französischer, englischer und italienischer Gegenwartspoesie sowie als Universitätsprofessor für Literatur. Sein lyrisches Werk ist in zwölf Gedichtbänden und in mehr als 60 Anthologien veröffentlicht. Zuletzt erschienen *Más allá de la piel* (Werkauswahl, zweisprachig), Mexiko 2021, *Verwunschenheitszustand*, Berlin 2020.

Armin Steigenberger

geboren 1965 in Nürnberg, schreibt vorwiegend Lyrik, veröffentlichte einen Roman und verfasst Theaterstücke. Mitherausgeber der Literaturzeitschrift außer.dem und Mitglied der Autorengruppe Reimfrei. 2009 Irseer Pegasus, 1. Preis. Zahlreiche Publikationen in Literaturzeitschriften und Anthologien. Drei Einzelpublikationen, zuletzt: *das ist der abgesägte lauf der welt, Gedichte und Geisterspiele*, edition offenes feld 2020. Bei Black Ink erschien 2021 sein gemeinsam mit Frank Milautzcki verfasster Lyrikband *sprich: malhorndekor und barbotine*.

Maricela Guerrero

geboren 1977 in Mexiko-Stadt, zählt zu den renommiertesten lateinamerikanischen Dichterinnen ihrer Generation. Sie hat diverse Gedichtbände veröffentlicht und zahlreiche Stipendien für ihr Werk erhalten. Teile davon wurden ins Französische, Schwedische, Englische und Mixe übersetzt. Auf Deutsch liegen vor: *Reibungen* (hochroth Berlin 2017), 2021 erschien ihr jüngster Gedichtband, *El sueño de toda célula* (*Wovon jede Zelle träumt*), in der Übertragung von Johanna Schwering im APHAIA Verlag.

Johanna Schwering

geboren 1981 in Hamburg, lebt als freie Lektorin in Berlin und übersetzt aus dem Spanischen. Ihre Übertragung von Maricela Guerreros Gedichtband *Reibungen* (hochroth Berlin 2017) wurde mit einer Lyrik-Empfehlung 2018 ausgezeichnet. Auf Deutsch liegen vor: *Reibungen* (hochroth Berlin 2017) und *Wovon jede Zelle träumt* (APHAIA Verlag 2021).